Erich Jooß · Ute Thönissen

Die Bibel

erzählt für Kinder

FREIBURG · BASEL · WIEN

Altes Testament

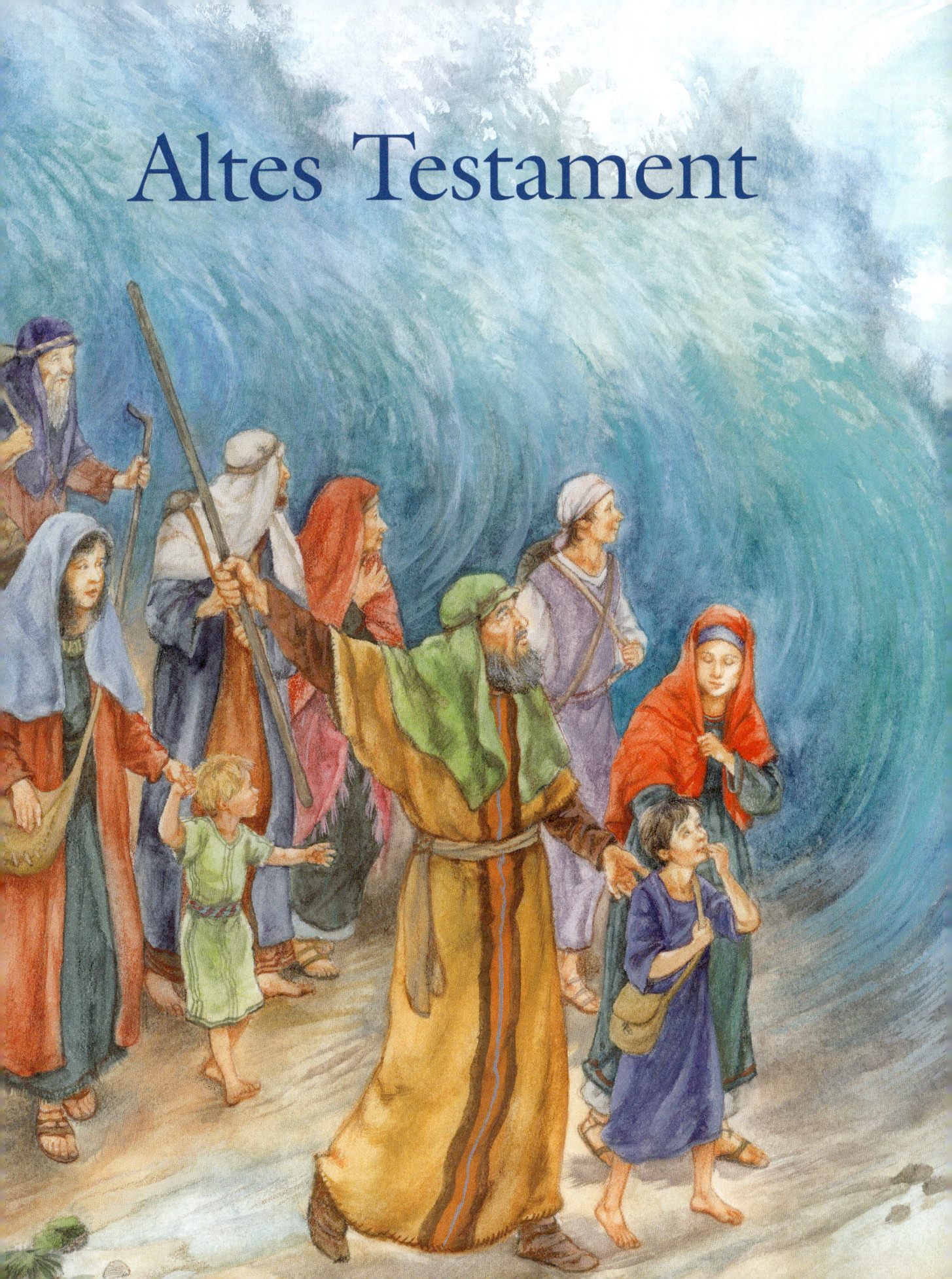

1 | Gott erschuf die Welt

Gen 1,1–2,4a

Am Anfang schuf Gott Himmel und Erde, aber alles war noch wüst und leer. Wasser bedeckte die Erde, Finsternis hüllte sie ein. Da sprach Gott: „Es soll hell werden." Und er sah, dass das Licht gut war, und trennte es von der Dunkelheit. Die Dunkelheit nannte er Nacht, das Licht nannte er Tag. Es wurde Abend, es wurde Morgen. Das war der erste Tag der Schöpfung.

Wieder sprach Gott: „Ein Gewölbe soll entstehen und das Wasser über dem Gewölbe trennen vom Wasser unter dem Gewölbe." So geschah es, und Gott nannte das Gewölbe Himmel. Es wurde Abend, es wurde Morgen. Das war der zweite Tag der Schöpfung.

Und wieder sprach Gott: „Das Wasser auf der Erde soll sich sammeln." Sogleich gehorchte es ihm. Trockene Stellen traten hervor. Gott nannte sie Land. Das Wasser aber, das in großen Mulden zusammengeflossen war, nannte er Meer.

Danach sprach Gott: „Das Land werde grün. Blumen und Gräser, Sträucher und Bäume sollen auf ihm wachsen." So geschah es, und Gott sah, dass es gut war. Es wurde Abend, es wurde Morgen. Das war der dritte Tag der Schöpfung.

Und wieder sprach Gott: „Lichter sollen über der Erde leuchten." Er schuf die Sonne, dann schuf er den Mond und die Sterne. Allen Lichtern wies er einen Platz zu am Himmel. Da sah Gott, dass es gut war, und er freute sich darüber. Es wurde Abend, es wurde Morgen. Das war der vierte Tag der Schöpfung.

Und wieder sprach Gott: „Im Wasser sollen Fische schwimmen, hoch im Himmel sollen Vögel fliegen." Er schuf die kleinen und die großen Bewohner des Wassers und er schuf alle Arten von Vögeln und Tieren der Lüfte. Danach segnete er sie und sprach: „Zahlreich sollt ihr werden im Wasser, zahlreich in der Luft." Es wurde Abend, es wurde Morgen. Das war der fünfte Tag der Schöpfung.

Und wieder sprach Gott: „Auch auf dem Land sollen meine Geschöpfe wohnen." So schuf er die Tiere des Feldes und des Waldes, zahme und wilde Tiere, jedes auf seine Art. Und Gott sah, dass es gut war.

Danach sprach er: „Ich will Lebewesen erschaffen, die mir gleichen." Und er formte die Menschen nach seinem Bild; als Mann und Frau schuf er sie. Gott segnete die Menschen und sprach zu ihnen: „Ich vertraue euch alles an, was ich geschaffen habe: die Fische des Meeres, die Vögel des Himmels und die Tiere des Landes. Geht sorgsam und gerecht mit ihnen um. Vermehrt euch, bevölkert die Erde. Sie ist euer Zuhause."

Mit großer Freude betrachtete Gott seine Schöpfung. Denn alles war ihm sehr gut geraten. Es wurde Abend, es wurde Morgen. Das war der sechste Tag der Schöpfung.

Am siebten Tag der Schöpfung aber ruhte sich Gott aus. Er hatte sein Werk getan. Deshalb segnete er den siebten Tag. Er machte ihn zu einem heiligen Tag der Ruhe für sich selbst und für alles, was er geschaffen hatte.

2 | Im wunderbaren Garten

Gen 2,4b–25

Nachdem Gott Himmel und Erde erschaffen hatte, pflanzte er einen Garten: das Paradies. Dieser Garten lag im Osten, in Eden. Dort ließ Gott Bäume wachsen, die süße, köstliche Früchte trugen. Auch die schönsten Blumen ließ er blühen.

Im Paradiesgarten entsprang eine Quelle. Schon bald wurde daraus ein großer Strom. Er teilte sich in vier Flüsse, die ihren Lauf nach Osten und Westen, Süden und Norden nahmen. Sie bewässerten das Land ringsum und machten es fruchtbar.

In das Paradies setzte Gott den ersten Menschen. Er zeigte ihm zwei besondere Bäume, die in der Mitte des Gartens standen: den Baum des Lebens und den Baum der Erkenntnis von Gut und Böse. „Alles darfst du essen in meinem Garten", sagte Gott. „Nur der Baum der Erkenntnis von Gut und Böse gehört mir allein. Wenn du von seinen Früchten kostest, musst du sterben."

Der erste Mensch hieß Adam. Er hütete das Paradies und bebaute es. Gott, der Herr, rief die Tiere. Sie kamen zu Adam, und er durfte ihnen Namen geben. Doch mit keinem der Geschöpfe konnte er reden.

Da sprach Gott: „Es ist nicht gut, wenn der Mensch allein ist." Und er ließ einen tiefen Schlaf auf Adam fallen, sodass dieser nichts spürte. Dann entnahm er ihm eine Rippe und bildete daraus eine Frau, die Eva hieß.

Als Adam erwachte, zeigte ihm Gott seine Gefährtin. Adam freute sich darüber und sagte: „Du hast uns füreinander gemacht. Ich will mit ihr leben."

3 | Das verlorene Paradies

Gen 3,1–24

In dem wunderbaren Garten, den Gott angelegt hatte, lebte auch eine Schlange. Listig fragte sie Eva: „Hat Gott wirklich gesagt, dass ihr keine Früchte von den Bäumen des Gartens essen dürft?"

„Nein, das hat er nicht gesagt", antwortete Eva. „Wir dürfen alle Früchte essen, nur nicht die Früchte vom Baum der Erkenntnis, sonst müssen wir sterben."

Da zischte die Schlange: „Glaube mir, ihr werdet nicht sterben. Sobald ihr diese Früchte esst, erkennt ihr das Gute und das Böse und wisst alles. Dann seid ihr wie Gott."

Nachdem Eva die Worte der Schlange gehört hatte, sah sie den Baum in der Mitte des Gartens mit anderen Augen an. Seine Früchte schienen geheimnisvoll und verlockend zu sein. Eva wollte so viel erkennen und wissen wie Gott. Deshalb nahm sie eine Frucht und aß davon. Dann gab sie die Frucht Adam, dem ersten Mann, und auch er biss hinein.

Kaum hatten die beiden von der Frucht gekostet, wurden sie unsicher und merkten, dass sie nackt waren. Hastig pflückten sie die Blätter eines Feigenbaumes und bedeckten sich damit. Als der Herr der Schöpfung am Abend durch seinen Garten ging, verbargen sie sich. Darum rief Gott: „Adam, wo bist du?"

„Hier, mein Herr. Ich hab mich versteckt", antwortete Adam. „Ich bin nackt und fürchte mich vor dir."

„Woher weißt du, dass du nackt bist?", fragte Gott. „Hast du eine Frucht vom Baum der Erkenntnis gegessen?"

„Ja", erwiderte Adam. „Die Frau, die ich von dir als Gefährtin erhielt, gab mir eine Frucht. Ich aß davon."

„Warum hast du das getan?", wandte sich Gott jetzt an die Frau, und sie hob erschrocken ihre Hände: „Die Schlange hat mich dazu verführt."

Da wurde Gott zornig und sprach: „Weil ihr das getan habt, müsst ihr meinen Garten verlassen." Dann sagte er zu der Frau: „Unter Schmerzen wirst du deine Kinder gebären." Und zu dem Mann sagte er: „Auf deinem Acker wachsen Dornen und Disteln. Du sollst dich plagen und Schweiß vergießen für dein Brot." Zu der Schlange aber sagte er: „Du sollst für immer auf dem Boden kriechen."

Danach gab er Adam und Eva Felle, damit sie sich bekleiden konnten, und wies sie hinaus aus seinem wunderbaren Garten. An den Eingang des Paradieses stellte er einen Engel mit einem Feuerschwert. „Ich will nicht", sprach Gott, „dass die Menschen auch noch die Früchte vom Baum des Lebens essen."

4 | Kain und Abel

Gen 4,1–16

Nach der Vertreibung lebten die ersten Menschen fern vom Paradies. Sie arbeiteten schwer und halfen einander. Eva gebar zwei Söhne. Der ältere Sohn hieß Kain und wurde ein Ackerbauer. Sein Bruder Abel aber war ein Schafhirte.

Beide spürten, dass Gott sie nicht verlassen hatte. Zum Dank wollten sie dem Herrn ein Opfer bringen. Deshalb baute jeder von ihnen einen Altar. Kain legte die Früchte des Feldes auf die Steine seines Altares und verbrannte sie. Abel dagegen schlachtete ein junges Tier aus seiner Herde, dann opferte auch er es.

Von den beiden Altären stieg der Rauch in den Himmel. Doch Gott blickte nur auf Abel und dessen Opfer. Da überlief es Kain ganz heiß. Warum freute sich Gott nicht genauso über sein Opfer?

Der Herr sah, dass Kain zornig wurde, und sprach zu ihm: „Du schaust auf den Boden und nicht zu mir empor. Weshalb tust du das? Beherrsche deinen Zorn, sonst wird er immer stärker und beherrscht dich."

Aber Kain hörte nicht auf Gott. „Komm mit mir, wir gehen hinaus auf das Feld", sagte er zu seinem Bruder. Kaum waren sie aber auf dem Feld, fiel er über Abel her und erschlug ihn. Danach verscharrte er den Toten in der Erde.

Auf einmal wurde es sehr still um Kain. Dann hörte er eine Stimme. „Wo ist dein Bruder Abel?", fragte Gott, und Kain antwortete: „Ich weiß es nicht. Bin ich denn der Hüter meines Bruders?"

Da sprach Gott: „Was hast du getan? Der Acker ist rot gefärbt vom Blut deines Bruders. Es schreit zum Himmel und klagt dich an. Geh fort, denn du bist verflucht! Von nun an wirst du ruhelos sein auf der Erde und keinen Frieden finden."

Voller Schrecken erkannte Kain, was er getan hatte. „Meine Schuld ist so groß, dass ich sie nicht tragen kann", antwortete er. „Du vertreibst mich von dem Land, das ich bebaut habe. Ich muss mich vor dir verbergen. Überall bin ich jetzt ein Fremder. Wer mich findet, der kann mich töten."

Daraufhin sagte Gott: „Niemand soll dich töten, sonst wird er siebenfach bestraft." Dann machte der Herr ein Zeichen auf seine Stirn, das ihn schützte, und Kain ging fort.

Viele Künstler, die Bilder zu dieser Geschichte gemalt haben, zeichneten Kain einen roten oder dunklen Flecken auf die Stirn. Sprichwörtlich ist daraus das KAINSMAL geworden: ein eindeutiges und verräterisches Zeichen für die Schuld einer Person.

5 | Die große Flut

Gen 5,3–9,16

Nach Abels Tod schenkte Gott Adam und Eva einen dritten Sohn, der Set hieß und viele Nachkommen hatte. Ein großes Volk entstand. Aber Gott sah auch, wie sich die Menschen immer häufiger stritten und einander Böses zufügten. Wo Frieden gewesen war, herrschten jetzt Gewalt und Eifersucht. Das gefiel Gott ganz und gar nicht.

„Meine Schöpfung ist verdorben", sprach er. „Ich will alle Menschen, die Tiere des Feldes und des Waldes, die Kriechtiere und die Vögel vernichten. Denn ich bereue es, dass ich sie geschaffen habe."

Nur Noach fand Gnade vor den Augen Gottes. Denn er lebte, wie es dem Herrn gefiel. Deshalb sprach Gott zu ihm: „Es wird eine große Flut kommen. Alle Geschöpfe auf der Erde müssen sterben. Doch dich will ich retten und mit dir deine Frau, deine drei Söhne und ihre Frauen. Geh und baue ein großes Schiff aus Zypressenholz, eine Arche. Diese Arche soll viele Kammern haben und drei Stockwerke hoch sein. Dichte das Holz mit Pech ab, damit kein Wasser eindringen kann. Dann nimm ein Männchen und ein Weibchen von allen Tieren auf dem Land und von allen Vögeln mit. So bleiben sie am Leben. Vergiss auch nicht, genügend Vorräte in dein Schiff zu laden."

Noach tat, was ihm der Herr aufgetragen hatte. Kaum war die Arche fertig, öffnete der Himmel seine Schleusen, das Wasser aus der Tiefe brach hervor, und die Flüsse traten über die Ufer. Das ganze Land wurde überschwemmt. Noach und seine Frau, die Söhne Noachs mit ihren Frauen und die Tiere, die paarweise gekommen waren, flohen in die Arche. Hinter ihnen verschloss Gott die Tür.

Es regnete vierzig Tage und vierzig Nächte, es regnete unaufhörlich. Die Flut schwoll an, und das Wasser stieg immer höher, bis es die höchsten Berge unter dem Himmel bedeckte. Da starben alle Geschöpfe, die sich auf der Erde geregt hatten. Übrig blieb nur die Arche und was in ihr lebte. Einsam trieb sie in den endlosen Fluten.

Nach dem großen Regen ließ Gott einen Wind über die Erde wehen. Langsam begann das Wasser zu sinken. Der Himmel, der so stürmisch und schwarz gewesen war, wurde wieder blau. Doch es dauerte noch viele Tage, bis die Arche im Gebirge Ararat aufsetzte. Vorsichtig öffnete Noach eine Luke und ließ eine Taube frei, die aber bald zurückkehrte, weil sie nirgends im Wasser einen Platz zum Ausruhen gefunden hatte. Nach sieben Tagen schickte Noach die Taube erneut hinaus. Dieses Mal kehrte sie erst am Abend zurück, und siehe da, in ihrem Schnabel trug sie den frischen Zweig eines Olivenbaumes. Noach wartete weitere sieben Tage, bevor er die Taube ein drittes Mal aussandte. Jetzt blieb sie fort, denn sie hatte trockenes Land entdeckt und konnte sich nun selbst versorgen.

Da entfernte Noach das Dach der Arche. Gott sprach: „Kommt alle heraus, du, deine Frau, deine Söhne und die Frauen deiner Söhne. Bringt die Geschöpfe mit, die bei euch sind." Voller Freude sah Noach die Erde, von der das Wasser abgeflossen war. Er kniete auf ihr nieder und dankte Gott dafür.

Dann baute Noach einen Altar aus Steinen für Gott. Der Herr segnete alle, die sich um den Altar versammelten. „Ich will einen Bund mit euch und euren Nachkommen schließen", sagte er. „Nie mehr werde ich das Leben auf der Erde vernichten, nie mehr soll eine Flut kommen wie diese und alles verderben und zerstören. Das verspreche ich. Seht den Regenbogen, denn er ist das Zeichen für meinen Bund mit euch und allen kommenden Generationen. Der Regenbogen wird mich an diesen Bund erinnern, wenn sich wieder einmal dunkle Wolken am Himmel sammeln."

Viele Zeichen und Symbole haben bis in die heutige Zeit ihre Bedeutung behalten: Der Regenbogen ist das Zeichen für Verbundenheit und Neubeginn. Die Taube steht für Frieden, Liebe und vor allem Vergebung.

6 | Der Turmbau zu Babel

Gen 11,1–9

Vor sehr langer Zeit sprachen alle Menschen die gleiche Sprache. Damals wohnten sie noch in Zelten und wanderten von Ort zu Ort. Im Lande Schinar fanden sie eine große, fruchtbare Ebene. Dort gefiel es ihnen so gut, dass sie sich niederließen. „Hier bauen wir eine Stadt für uns", sagten sie und errichteten Häuser aus Lehmziegeln, die sie in der Hitze brannten.

Rasch wuchs die Stadt und erhielt Plätze und Straßen. Doch das genügte den Menschen nicht. Sie wollten einen Turm bauen, dessen Spitze den Himmel berühren sollte. „Der Turm muss in der Mitte der Stadt stehen", sagten sie. „Dann können wir uns nach ihm richten. Wenn er riesengroß wird, redet man noch in Jahrhunderten und Jahrtausenden von uns!"

Sogleich begannen sie mit der Arbeit. Der Turm wuchs unaufhörlich. Selbst Gott stieg aus dem Himmel herab, um ihn anzusehen. „Das ist erst der Anfang", sagte er sich. „Sie werden noch ganz andere Dinge tun. Wohin führt es,

wenn die Menschen glauben, dass sie alles machen können und dass ihnen alles gelingt?"

Daraufhin verwirrte Gott ihre Sprache. Keiner verstand mehr seinen Nachbarn, der neben ihm arbeitete. Da hörten sie auf, an dem Turm zu bauen, und liefen erschrocken auseinander. Über die ganze Erde wurden sie vom Herrn zerstreut.

Die Stadt, in der dies geschah, wird seither Babel genannt. Babel heißt: das große Durcheinander, weil Gott an diesem Ort aus einer Sprache, die alle Menschen verstanden, viele Sprachen machte.

Merkwürdig klangen diese Sprachen, rätselhafte Wörter hatten sie. Bald merkten die Menschen, dass jede Sprache wie ein Haus ist. Ein Sprachhaus, in dem sie leben.

7 | Abrahams Berufung

Gen 12,1–9

Seit der großen Flut waren viele Jahrhunderte verstrichen. Völker entstanden, Städte wurden gebaut. Abraham brauchte lange, wenn er seine Vorfahren aufzählen wollte. Er stammte von Sem ab, einem der drei Söhne Noachs.

Abraham wurde in der Stadt Ur geboren in Chaldäa, dem Land zwischen den beiden Strömen Eufrat und Tigris. Von dort wanderte er mit seinem Vater Terach, seiner Frau Sara und seinem Neffen Lot nach Haran weiter. In Haran aber sprach der Herr zu Abraham: „Brich auf aus diesem Land. Verlasse deine Verwandten, verlasse das Haus deines Vaters. Zieh fort in ein anderes Land, das ich dir zeige. Aus dir und deinen Nachkommen will ich ein großes Volk machen. Wer dich segnet, den segne ich, und wer dich verflucht, den verfluche ich. Durch dich sollen alle Menschen auf der Erde meinen Segen erhalten."

Abraham folgte dem Herrn und brach auf. Er nahm seine Frau mit, seinen Neffen Lot, alle Knechte und Mägde und alles, was ihm gehörte, auch seine Herden. Zusammen zogen sie nach Kanaan und kamen bis Sichem, wo die Bewohner des Landes einen heiligen Baum, eine Eiche, verehrten. Dort erschien der Herr Abraham. Er sprach zu ihm: „Dieses Land werde ich deinen Nachkommen geben."

Da baute Abraham einen Altar und dankte Gott. Dann wanderte er weiter. Denn er war mit seinen Herden auf Weideflächen und auf Brunnen angewiesen.

8 | Abraham und Sara

Gen 12,10–20

Damals wurde Kanaan von einer großen Hungersnot heimgesucht, der Abraham entgehen wollte. Deshalb zog er mit allen, die ihm folgten, nach Ägypten. Als sie sich der Grenze des fremden Landes näherten, nahm er seine Frau bei der Hand. „Du bist schön", sagte er zu ihr. „Bestimmt werden auch die Ägypter deine Schönheit bewundern und mich töten, damit du ihnen gehörst. Darum erkläre den Fremden lieber, dass ich dein Bruder bin. Dann geschieht mir nichts."

Kaum waren sie in Ägypten eingetroffen, sprachen alle, die Sara sahen, über ihre Schönheit. Selbst der Pharao hörte davon und rief Sara zu sich in den Palast. Abraham aber, den sie als ihren Bruder ausgab, wurde von dem Herrscher reich beschenkt. Er bekam Schafe und Ziegen, Esel, Rinder und Kamele, dazu noch viele Knechte und Mägde.

Auch in Ägypten hielt Gott seine Hand über Abraham. Als er sah, dass der Pharao Gefallen fand an der schönen Sara, schickte er ihm schwere Plagen. Da fiel es dem Herrscher wie Schuppen von den Augen. Er ließ Abraham holen. „Warum hast du mich getäuscht?", fragte er. „Sara ist nicht deine Schwester, sie ist deine Frau. Nimm sie und geh fort."

Danach befahl er seinen Leuten, Abraham, seine Frau und alle, die mit ihnen gekommen waren, sicher bis zur Grenze zu geleiten.

9 | Abraham trennt sich von Lot

Gen 13

Unter dem Schutz des Pharao kehrte Abraham zurück nach Kanaan. Er hatte jetzt große Herden, außerdem Silber und Gold. Auch Lot, der ihn begleitete, besaß viele Schafe und Ziegen, Rinder und Zelte. Aber das Land reichte nicht aus für beide. Immer wieder gerieten ihre Hirten in Streit über die Weideplätze und die Brunnen. Abraham wollte verhindern, dass der Streit noch heftiger wurde. „Wir müssen uns trennen", sagte er darum zu Lot. „Wenn du nach links

gehst, gehe ich nach rechts, und wenn du nach rechts gehst, gehe ich nach links."

Lot blickte sich um und entdeckte in der Ferne das Jordantal. Es war bewässert, seine Wiesen glänzten grün. „Dorthin will ich mich wenden", sagte er, und sie trennten sich friedlich. Abraham aber blieb im Bergland.

Darauf sprach Gott zu ihm: „Schau nach Norden und Süden, nach Osten und Westen. Alles, was du siehst, will ich für immer dir und deinen Nachkommen geben. Ich mache sie so zahlreich wie den Staub auf der Erde. Geh jetzt und ziehe durch dieses Land!"

Abraham gehorchte Gott. Er brach seine Zelte ab. Dann wanderte er bis zu den Eichen von Mamre in Hebron, wo er sich niederließ und dem Herrn einen Altar baute.

10 | Gott schließt einen Bund mit Abraham

Gen 15,1–18

Immer wieder musste Abraham daran denken: Gott hatte ihm doch Nachkommen versprochen! Aber er war bereits ein alter Mann, und seine Frau, die mit ihm alt geworden war, konnte keine Kinder mehr bekommen.

Eines Nachts lag Abraham wieder wach und dachte an sein Unglück, als er eine Stimme hörte. „Fürchte dich nicht", sagte Gott zu ihm. „Ich beschütze dich, und dein Lohn wird groß sein."

Darauf antwortete Abraham: „Herr, mein Herr, was willst du mir schon geben? Ich habe keine Kinder, ich habe keine Nachkommen. Deshalb bin ich traurig. Alles, was mir gehört, wird mein Knecht Eliëser erben."

Da führte der Herr Abraham hinaus vor das Zelt. „Sieh zum Himmel empor", forderte er ihn auf, „und zähle die Sterne, wenn du sie zählen kannst. So zahlreich wie diese Sterne werde ich deine Nachkommen machen. Dich habe ich gerufen und du bist mir gefolgt aus Chaldäa. Heute schließe ich einen Bund mit dir: Dieses Land von der Grenze Ägyptens bis zum großen Strom, dem Eufrat, schenke ich deinen Nachkommen."

11 | Gott bekräftigt seinen Bund

Gen 17,1–4; 17,15–19

Als Abraham bereits 99 Jahre alt war, erschien ihm der Herr ein weiteres Mal. Er sprach zu ihm: „Ich bin Gott, der Allmächtige. Geh deinen Weg im Vertrauen auf mich und lebe ohne Tadel."

Während Gott mit Abraham sprach, fiel dieser vor Schrecken nieder. Sein Gesicht verbarg er auf dem Boden.

Der Allmächtige aber fuhr fort: „Ich werde dein Gott und der Gott deiner Nachkommen sein. Ganz Kanaan gebe ich euch, das Land, in dem du jetzt noch ein Fremder bist. Mein Bund mit dir und deinen Nachkommen soll für immer bestehen bleiben. Haltet fest an diesem Bund!"

Danach verkündete der Herr dem Abraham: „Deine Frau Sara will ich segnen. Sie wird dir einen Sohn gebären und du sollst ihn Isaak nennen."

Abraham aber lachte, denn Sara und er waren schon viel zu alt, um noch Kinder zu bekommen.

Gott sprach: „Deine Frau wird dir einen Sohn schenken. Er soll Isaak heißen. Ich werde meinen Bund mit ihm halten, sodass ich auch für ihn und seine Nachkommen Gott sein werde."

12 | Sara lacht

Gen 18,1–15

Es war zur Mittagszeit und heiß in Mamre. Nur die großen Eichen boten Schatten. Abraham saß am Eingang seines Zeltes und ruhte sich aus. Er hatte den Kopf gesenkt. Als er aufschaute, erblickte er drei Männer, die vor ihm standen. Woher waren sie gekommen?

Abraham begrüßte die Männer, wie es die Gastfreundschaft von ihm verlangte, und verneigte sich bis zur Erde. „Geht nicht vorüber an eurem Knecht!", rief er. „Ich lasse euch Wasser bringen, damit ihr den Staub von den Füßen waschen könnt, und ich hole Brot. Bitte stärkt euch, bevor ihr weiterzieht." Darauf erwiderten die Männer: „Was du gesagt hast, das tu!" Sogleich eilte Abraham in das Zelt zu Sara. „Nimm feines Mehl", forderte er sie auf, „und back in der heißen Asche ein Fladenbrot." Anschließend suchte er aus der Herde, die ihm gehörte, ein prächtiges Kalb aus und ließ es von seinen Leuten schlachten und zubereiten. Als alles fertig war, reichte er den Männern das Brot und das Fleisch, dazu einen Krug mit frischer Milch. Während sie aßen, fragte einer der Männer: „Wo ist deine Frau Sara?" Und Abraham antwortete: „Im Zelt." Da sagte der Fremde: „In einem Jahr komme ich wieder zu dir. Dann hat Sara einen Sohn."

Bei diesen Worten lachte Sara, die hinter der Zeltwand gelauscht hatte, still in sich hinein. „Ich bin doch viel zu alt, um noch ein Kind zu bekommen", dachte sie bitter. Aber der Fremde, der mit Abraham gesprochen hatte, schien alles zu hören. „Warum lacht Sara?", fragte er. „Für den Herrn ist nichts zu schwer und nichts unmöglich." Da erkannte Abraham, dass Gott zu Gast war bei ihm.

13 | Isaak wird geboren

Gen 21,1–8

Was Gott versprochen hatte, das trat ein. In ihrem hohen Alter wurde Sara noch schwanger. Zu der Zeit, die vom Herrn vorausgesagt worden war, gebar sie einen Sohn. Abraham nannte ihn Isaak, das heißt: Er lacht.

Sara aber sagte: „Ich bin glücklich. Gott hat mir ein Lachen geschenkt. Jeder, der es hört, teilt dieses Lachen mit mir. Wer außer Gott hätte es gewagt, Abraham zu sagen, dass ich noch ein Kind stillen werde? Jetzt habe ich ihm einen Sohn geboren, obwohl wir beide schon so alt sind."

Isaak wuchs heran. Als er nicht mehr an der Brust seiner Mutter trank, gab Abraham ein großes Fest und alle feierten mit.

14 | Abrahams Opfer

Gen 22,1–19

Eines Tages wollte der Herr Abraham prüfen. Er rief ihn beim Namen, und Abraham antwortete: „Ich bin da." Darauf sprach Gott: „Nimm Isaak, deinen einzigen Sohn. Geh mit ihm in das Land Morija. Ich werde dir einen Berg zeigen. Dort sollst du Isaak opfern."

Wie gelähmt stand Abraham. Was verlangte Gott von ihm? In dieser Nacht konnte Abraham nicht schlafen. Früh am Morgen erhob er sich von seinem Lager. Er belud einen Esel mit Brennholz und nahm seinen Sohn und zwei Knechte mit. Dann zogen sie in das Land Morija.

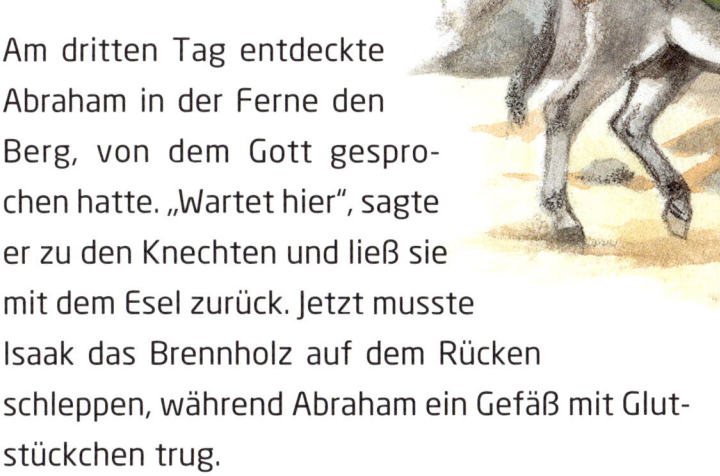

Am dritten Tag entdeckte Abraham in der Ferne den Berg, von dem Gott gesprochen hatte. „Wartet hier", sagte er zu den Knechten und ließ sie mit dem Esel zurück. Jetzt musste Isaak das Brennholz auf dem Rücken schleppen, während Abraham ein Gefäß mit Glutstückchen trug.

Nach einer Weile rührte sich Isaak: „Mein Vater!" Abraham sah ihn an und sagte: „Ich bin da, mein Sohn." Verwundert fragte Isaak: „Wir haben Holz, wir haben Feuer. Aber wo ist das Schaf, das wir opfern?" Unter Tränen antwortete Abraham: „Gott wird für ein Opfer sorgen, mein Sohn."

Auf dem Berg errichtete Abraham einen Altar aus Steinen. Dann legte er die Holzscheite darauf und band seinen einzigen Sohn auf dem Altar fest. Er wollte schon zum Messer greifen, da hörte er eine Stimme.

Gott hatte ihm einen Boten gesandt!

„Abraham! Abraham!", rief dieser aus dem Himmel herab. „Strecke deine Hand nicht aus gegen deinen Sohn. Tu ihm nichts zuleide. Denn der Herr will kein Menschenopfer. Er weiß nun, wie sehr du ihn liebst und seinen Worten gehorchst. Dafür wird er dir und deinen Nachkommen Segen schenken in Fülle."

15 | Die ungleichen Zwillingsbrüder

Gen 25,19–34

Abraham machte sich Sorgen. Wen sollte Isaak in diesem fremden Land heiraten? Deshalb schickte er seinen treuen Knecht Eliëser nach Haran zu den Verwandten. Er kam zurück mit Rebekka, der Enkelin von Abrahams Bruder.

Die schöne Rebekka gefiel Isaak, und sie gewannen einander lieb. Aber ein Schatten lag auf ihrem Glück, weil Rebekka kinderlos blieb wie vor ihr Sara. Jeden Tag flehte Isaak zum Herrn, bis dieser seine Bitte erhörte. Rebekka bekam Zwillinge, die einander schon im Bauch der Mutter heftig stießen.

Als Erster wurde Esau geboren. Er hatte einen roten Flaum am Körper, wie ein Fell sah das aus. Sein Bruder hielt sich an einer Ferse von Esau fest, als wollte er gleichzeitig mit ihm zur Welt kommen. Darum wurde er Jakob genannt: der Fersenhalter.

Unterschiedlicher hätten die Zwillingsbrüder nicht sein können. Esau jagte die wilden Tiere in der Steppe. Jakob dagegen hielt sich lieber bei den Zelten auf. Voller Stolz blickte der Vater auf Esau, während Rebekka mehr an Jakob hing.

Eines Tages kehrte Esau erfolglos von der Jagd zurück. Gierig roch er die Linsensuppe, die über dem Feuer kochte. Sein Bruder rührte im Topf. „Gib mir etwas davon", sagte Esau. „Ich bin hungrig."

Jakob antwortete: „Du bist zuerst geboren worden. Stirbt unser Vater, dann gehört dir alles und ich habe nichts. Für die Linsensuppe will ich dein Erstgeburtsrecht."

„Was soll ich damit, wenn ich vor Hunger sterbe?", stöhnte Esau. Er konnte sich kaum noch auf den Beinen halten. Die Linsen dufteten so verlockend.

Und Esau willigte ein in den Handel ...

16 | Jakob wird gesegnet

Gen 27

Damals, als sich die Zwillinge in ihrem Bauch stießen, hatte Rebekka den Herrn erschrocken gefragt: „Was geschieht mit mir? Es tut so weh." Und der Herr hatte ihr geantwortet: „Zwei Söhne wirst du gebären. Sie gehen unterschiedliche Wege. Der ältere muss dem jüngeren dienen."

Nun stand Rebekka im dunklen Zelt und erinnerte sich daran. Denn ihr Mann hatte nach Esau gerufen. Er war alt geworden und konnte nichts mehr sehen. Mühsam richtete er sich auf. „Nimm deinen Bogen, nimm die Pfeile", sagte er mit schwacher Stimme. „Schieß ein Wild für mich und bereite es so zu, wie ich es gerne esse. Danach will ich dich segnen und dir geben, was ich von Gott bekommen habe. Vielleicht sterbe ich schon morgen …"

Eilig lief Rebekka zu ihrem Lieblingssohn und erzählte ihm alles. Was nützte es Jakob, dass er dem Bruder das Erstgeburtsrecht abgehandelt hatte? Er brauchte auch den Segen des Vaters dazu! Gott hatte Abraham gesegnet, und Abraham hatte den Segen an Isaak weitergegeben. Wer würde ihn jetzt erhalten?

„Hol mir sofort ein Ziegenböcklein aus unserer Herde. Ich werde es braten. Dann sollst du es deinem Vater bringen, damit er dich segnet", drängte Rebekka.

„Mein Bruder Esau ist am ganzen Körper behaart, ich dagegen habe eine glatte Haut. Der Vater wird mich bestimmt erkennen", widersprach Jakob.

„Lass das meine Sorge sein", beschwichtigte ihn Rebekka. Auf ihr Geheiß schlüpfte Jakob in die Kleider seines Bruders. Rebekka aber schnitt das Fell des Böckleins, das sie abgezogen hatte, in Streifen und wickelte es um die Hände und den Hals ihres Lieblingssohnes. Danach schickte sie ihn mit dem Braten, einem frisch gebackenen Brot und einem Krug voller Wein zu seinem Vater.

„Wer bist du?", fragte Isaak, als Jakob das Zelt betrat. „Ich bin dein Erstgeborener", antwortete Jakob, „und bringe den Braten für dich."

„Wie ist das möglich?", wunderte sich Isaak. „Wo hast du das Wild so schnell erlegt?"

„Es ist mir über den Weg gelaufen", sagte Jakob.

Da stützte sich Isaak schwer atmend in seine Polster. „Komm näher", forderte er Jakob auf. „Ich möchte dich berühren. Nur so weiß ich, ob du wirklich Esau bist."

Prüfend betastete er seinen Sohn. „Die Stimme ist Jakobs Stimme", sagte er schließlich kopfschüttelnd. „Doch die Hände sind Esaus Hände." Immer noch kopfschüttelnd aß er, was Jakob gebracht hatte, und trank vom Wein. Nachdem er gegessen hatte, bat er seinen Sohn: „Komm noch einmal näher. Ich will dich küssen, bevor ich dich segne." Als sich Jakob zu ihm hinunterbeugte, rief Isaak: „Du riechst nach dem Wald und der Steppe. Wie ein Jäger riechst du! Wie Esau!"

Und er segnete ihn mit den Worten: „Gott schenke dir den Tau des Himmels, er gebe dir alles in Fülle, besonders das Korn und die Trauben. Groß soll er dich machen und immer bei dir bleiben. Wer dich segnet, der wird gesegnet."

Kaum hatte Jakob das Zelt verlassen, da kehrte Esau von der Jagd zurück. Sobald er das Wild über dem Feuer gebraten hatte, ging er zu seinem Vater. „Wer bist du?", fragte Isaak verwirrt. „Ich bin dein Erstgeborener", antwortete Esau.

Plötzlich zitterte Isaak am ganzen Körper. „Einer ist vor dir hier gewesen", sagte er. „Ich habe ihm meinen Segen gegeben." Als Esau das hörte, schrie er auf vor Zorn. Beide erkannten jetzt, dass sie von Jakob überlistet worden waren. „Vater, segne auch mich", bat Esau unter Tränen.

„Was kann ich noch tun für dich, mein Sohn?", erwiderte Isaak. „Ich habe Jakob gesegnet und er wird gesegnet bleiben."

17 | Jakobs Traum

Gen 28,10–18

Mit jedem Tag wuchs Esaus Zorn. „Wenn unser Vater gestorben ist, werde ich Jakob umbringen", sagte er zu den Hirten auf der Weide. Rebekka, die davon erfuhr, warnte ihren Lieblingssohn: „Esau will sich an dir rächen! Flieh zu meinem Bruder nach Haran und bleib dort, bis alles vergessen ist." Auch Isaak wollte, dass er fortging. Beim Abschied segnete er Jakob und gab ihm den Auftrag: „Bring eine Frau mit aus Haran, so wie ich es getan habe."

Jakob wanderte über die Berge nach Osten in das Land zwischen den großen Strömen Eufrat und Tigris. Als die Nacht hereinbrach, fand er keine Unterkunft. Deshalb wickelte er sich in seinen Umhang und legte sich auf die Erde. Seinen Kopf aber bettete er auf einem Stein. Bald war er eingeschlafen und träumte.

Staunend sah er eine Treppe, die von der Erde bis zum Himmel reichte. Auf dieser Treppe stiegen Gottes Engel hinauf und hinunter. Ganz oben, im Himmel, stand der Herr und sprach: „Das Land, auf dem du liegst, will ich dir und deinen Nachkommen geben. Ich bin bei dir. Ich behüte dich, wohin du auch gehst, und bringe dich wieder zurück."

Da erwachte Jakob. „Der Herr ist an diesem Ort", sagte er voller Furcht, „und ich wusste es nicht. Hier ist das Tor des Himmels, hier ist das Haus Gottes."

Dann stellte er den Stein, auf dem er geträumt hatte, wie einen Altar auf. Weil er kein Opfertier hatte, übergoss er ihn mit dem Öl, das er bei sich trug, und dankte Gott.

18 | Jakobs Kampf mit Gott

Gen 32,4–31

Jakob ging nach Haran, wo er freundlich aufgenommen wurde. Er heiratete Lea und Rahel. Bald schon wurde der tüchtige Jakob wohlhabend. Nach vierzehn Jahren aber zog es ihn wieder heim.

Bevor er aufbrach, sandte er Boten voraus, denn er fürchtete sich vor Esaus Rache. „Richtet meinem Bruder aus, dass ich mit meiner Familie und meinen Herden nach Hause komme", sagte er. „Ich bin lange in der Fremde gewesen. Jetzt hoffe ich, dass mich Esau ohne Zorn empfängt."

Aufgeregt kehrten die Boten zurück. „Esau zieht dir entgegen. Vierhundert Männer begleiten ihn." Da fürchtete sich Jakob noch mehr und betete zu Gott. Dann wählte er zweihundert Ziegen und zwanzig Ziegenböcke aus und vertraute die Herde einem Knecht an: „Geh mit den Tieren zu meinem Bruder. Und sag zu ihm: ,Jakob schenkt sie dir.'" Danach schickte er noch weitere Hirten zu Esau mit zweihundert Schafen und zwanzig Widdern, mit Kamelstuten und Kamelfohlen, Kühen und Stieren, Eselinnen und Eseln, um Esau versöhnlich zu stimmen.

In dieser Nacht überquerten Jakob und sein Gefolge einen Fluss. Jakob achtete am Ende des Zuges darauf, dass alle gefahrlos durch das Wasser kamen. Er blieb allein zurück. Plötzlich packte ihn ein Mann. In der Dunkelheit rangen sie miteinander. Verzweifelt wehrte sich Jakob. Schließlich versetzte ihm der Fremde einen heftigen Schlag auf die Hüfte, sodass sie verrenkt wurde.

„Lass mich los. Es wird schon hell", sagte der Fremde dann.

„Ich lasse dich nur los, wenn du mich vorher segnest", erwiderte Jakob. „Wie heißt du?", fragte der Fremde. Jakob nannte seinen Namen. Da sagte der Fremde zu ihm: „Von nun an wirst du Israel heißen, das bedeutet Gotteskämpfer, denn du hast mit Gott gerungen." Und er segnete ihn. Jetzt wusste Jakob, wem er in dieser Nacht begegnet war. „Ich habe den Herrn gesehen", dachte er. „Von Angesicht zu Angesicht stand ich ihm gegenüber!"

Am Morgen erschien Esau mit seinen Männern. Sieben Mal warf sich Jakob vor ihm auf die Erde. Esau aber umarmte seinen Bruder. Sie weinten vor Freude.

19 | Josef und seine Brüder

Gen 37,1–36

Wie sein Vater ließ sich auch Jakob in Kanaan nieder. Er hatte zwölf Söhne und eine Tochter. Josef, den zweitjüngsten, liebte er mehr als seine anderen Söhne. Während diese in einfachen Kleidern herumliefen, ließ er für Josef ein ganz besonderes, festliches Gewand mit Ärmeln anfertigen. Deshalb wurden die Brüder neidisch auf Josef und hassten ihn.

Eines Tages erzählte er ihnen einen Traum. „Es war die Zeit der Ernte", sagte er. „Wir schnitten das Korn und banden es zu Garben. Plötzlich richtete sich meine Garbe auf. Sie stand in der Mitte. Eure Garben bildeten einen Kreis um meine und verneigten sich." Die Brüder wurden zornig, als sie das hörten. „Willst

du über uns herrschen und unser König sein?", schimpften sie. „Spiel dich nicht so auf!" Jetzt hassten sie ihn noch mehr ...

Bald darauf hatte Josef einen zweiten Traum. „Die Sonne, der Mond und elf Sterne verneigten sich vor mir", berichtete er. Da schüttelte sogar sein Vater den Kopf. „Was meinst du damit?", fragte er. „Soll ich mich vielleicht vor dir auf die Erde werfen? Und deine Mutter und deine Brüder ebenfalls?" Obwohl der Vater mit dem Traum nichts anzufangen wusste, konnte er ihn nicht vergessen.

Damals zogen Josefs Brüder mit den Herden nach Sichem. Weil das Weideland so entfernt lag, machte sich Jakob Sorgen. „Ich will wissen, wie es deinen

Brüdern und dem Vieh geht", wandte er sich an Josef, seinen Lieblingssohn, und schickte ihn hinterher.

Schon von Weitem entdeckten die Brüder Josef. Er hatte sein buntes Festtagsgewand angelegt. „Da kommt der Träumer", sagten sie. „Wir sollten ihn töten und in einer Zisterne verstecken. Dann können wir überall erzählen, dass ihn die wilden Tiere gefressen haben."

Nur Ruben, der älteste Bruder, hatte Mitleid mit Josef und versuchte, ihn zu retten. „Wollt ihr einen Mord begehen?", rief er. „Vergießt kein Blut. Werft ihn lieber lebendig in die Zisterne." Auch damit waren sie einverstanden.

Sobald Josef beim Lager der Hirten eintraf, packten sie ihn und nahmen ihm seinen Mantel weg, stritten sogar darum. Danach stürzten sie den Bruder in den Brunnenschacht. Als wäre nichts geschehen, setzten sie sich anschließend zum Essen nieder. Ruben aber kümmerte sich um die Schafe.

Nach einiger Zeit zogen Händler an ihnen vorüber. Ihre Kamele waren beladen mit kostbaren Gewürzen und wohlriechenden Harzen. Beim Anblick der Karawane hatte Juda, einer der Brüder, einen Einfall. „Was nützt uns Josef, wenn er tot ist? Verkaufen wir ihn doch an die Fremden", schlug er vor. Das gefiel den anderen und sie holten den Bruder an einem Seil heraus. Zwanzig Silberstücke erhielten sie für ihn.

Als Ruben zurückkam und erfuhr, was in der Zwischenzeit geschehen war, zerriss er seine Kleider vor Trauer. „Der Kleine ist nicht mehr da", klagte er. „Wie soll ich das dem Vater erklären?"

Eine Weile überlegten die Brüder. Dann schlachteten sie einen Ziegenbock. Sie tauchten die Kleidung von Josef in das Blut des Tieres und schickten das Gewand ihrem Vater. „Sieh her: Das haben wir in der Steppe gefunden. Gehört es vielleicht unserem Bruder?", ließen sie ausrichten.

„Ja, es gehört ihm!", schrie Jakob, während er den blutbefleckten Ärmelrock betrachtete. Wieder und wieder sah er ihn an.

Und niemand vermochte Jakob zu trösten.

20 | Als Sklave in Ägypten

Gen 39,1–23

Die Händler verkauften Josef nach Ägypten. Dort kam er als Sklave in das Haus des Potifar. Dieser befehligte die Leibwache des Pharao und gehörte zu den Vornehmen im Lande. Josef war so tüchtig, dass ihn Potifar zum Aufseher machte. Er vertraute ihm alles an, was er besaß. Auch die Frau des Potifar wurde aufmerksam auf ihn. Josef gefiel ihr. „Du bist ein schöner Mann", sagte sie zu ihm. „Komm, umarme mich und sei mein Geliebter."

„Das kann ich nicht", widersprach er. „Ich will kein Unrecht begehen. Du gehörst zu meinem Herrn. Er vertraut mir."

Obwohl sie ständig versuchte, ihn zu überreden, achtete er nicht auf sie. Eines Tages war niemand im Haus. Da hielt sie ihn am Gewand fest und umklammerte ihn. Josef aber riss sich los. Er ließ sein Gewand in ihrer Hand zurück und stürzte davon.

Das hatte sie nicht erwartet. Ihre Liebe verwandelte sich in Hass. Sie schrie aus Leibeskräften und berichtete allen, die erschrocken zusammenliefen: „Josef wollte mich zwingen, mit ihm zu schlafen. Weil ich um Hilfe rief, floh er. Sogar sein Gewand hat er in der Eile hiergelassen."

Als Potifar davon erfuhr, geriet er in furchtbaren Zorn und schickte seine Soldaten aus. Sie ergriffen Josef, dann wurde er in den Kerker des Pharao gesteckt.

21 | Der Traum des Pharao

Gen 41,1–36

Was hatte Josef getan? Niedergeschlagen saß er im Kerker. Doch der Herr begleitete und beschützte ihn auch dort. Bald merkte der Aufseher des Gefängnisses, dass er sich auf Josef verlassen konnte. Deshalb übertrug er ihm viele Arbeiten. Unter den Gefangenen waren zwei Männer vom Hof des Pharao: der Mundschenk, der an der königlichen Tafel den Wein ausschenkte, und der Hofbäcker. Beide hatten sich den Zorn des Herrschers zugezogen. Jetzt warteten sie auf das Urteil. Sie erzählten Josef ihre Träume, und er deutete sie. Dem Mundschenk sagte er voraus: „Nach drei Tagen kehrst du wieder in dein Amt zurück." Dem Hofbäcker aber kündigte er an, der Pharao werde ihn nach ebenfalls drei Tagen zum Tod verurteilen. So geschah es.

Zwei Jahre blieb Josef im Gefängnis. Hatte man ihn vielleicht schon vergessen? Eines Nachts wurde der Pharao von einem Traum heimgesucht, der ihn tief verwirrte und bedrückte. Darum rief er alle Weisen und Wahrsager Ägyptens zusammen. Doch keiner konnte ihm den Traum erklären. Schließlich erinnerte sich der Mundschenk an Josef, den Sklaven. Sogleich ließ der Pharao den Gefangenen herbeischaffen. Sein Haar wurde geschoren und er musste ein neues Gewand anlegen. Dann durfte er vor den Herrscher treten.

„Ich habe gehört, dass du Träume deuten kannst", redete ihn der Pharao an. „Das kann ich nicht, nur Gott kann das", erwiderte Josef. „Aber vielleicht will er dir etwas sagen und hilft mir bei der Auslegung deines Traumes."

Da begann der Pharao zu erzählen: „Ich habe von sieben schönen, stattlichen Kühen geträumt, die aus dem Nil stiegen und im Ufergras weideten. Nach ihnen stiegen sieben weitere Kühe aus dem Nil. Sie sahen hässlich aus und waren abgemagert. Zu meinem Schrecken wurden die fetten Kühe von den mageren gefressen. Davon erwachte ich.

Als ich wieder eingeschlafen war, träumte ich ein zweites Mal. Aus einem Getreidehalm wuchsen sieben goldglänzende, schwere Ähren. Danach erblickte ich sieben kümmerliche Ähren, die der trockene Wüstenwind ausgedörrt hatte. Wieder erschrak ich, weil die kümmerlichen Ähren die goldglänzenden verschlangen."

„Zwei unterschiedliche Träume hast du mir erzählt", antwortete Josef, „und doch meinen sie dasselbe. Die sieben schönen Kühe und die sieben vollen Ähren bedeuten sieben Jahre des Überflusses. Da blüht und gedeiht alles in Ägypten. Die sieben mageren Kühe und die sieben kraftlosen Ähren künden dagegen sieben Hungerjahre an. Diese werden den guten Jahren folgen und das ganze Land auszehren.

Das ist es, was Gott dir sagen wollte durch deine Träume, und so wird es eintreffen. Sieh dich rechtzeitig nach einem klugen, weisen Mann um, der überall in Ägypten große Scheunen errichtet und Verwalter einsetzt. Während der guten Jahre sollen diese Verwalter das Brotgetreide in den Scheunen sammeln und aufbewahren. Dann werden die Menschen nicht verhungern, wenn die schlechten Jahre kommen."

22 | Josef rettet die Ägypter

Gen 41,37–57

Was Josef gesagt hatte, gefiel dem Pharao. Er fragte seine Diener: „Gibt es einen Klügeren für uns als diesen Mann, in dem der Geist Gottes wohnt?" Ohne ihre Antwort abzuwarten, wandte er sich an Josef. „Von nun an bist du der Erste an meinem Hof", sprach er. „Das ganze Volk soll auf dich hören. Nur um den Thron will ich höher sein als du."

Er steckte Josef seinen Siegelring an, legte ihm eine goldene Kette um den Hals und bekleidete ihn mit feinen Leinengewändern. Auf einem Wagen, der von edlen Pferden gezogen wurde, durfte Josef hinter dem Herrscher fahren. „Ich bin der Pharao", sagte dieser, „aber ohne dich soll niemand seine Hand und seinen Fuß regen in ganz Ägypten."

Während der Jahre des Überflusses ließ Josef überall im Land große Scheunen bauen. In diesen Vorratshäusern wurde so viel Korn eingelagert, wie es Sand am Meer gibt. Niemand konnte das Korn zählen, niemand konnte es messen.

Als dann die Hungerjahre einsetzten, schrie das Volk vor dem Palast des Pharao: „Wir brauchen Brot!"

„Geht zu Josef", antwortete der Pharao, „und tut, was er euch sagt."

Daraufhin öffnete Josef die Vorratshäuser und verkaufte das Korn. Auch aus den umliegenden Ländern kamen die Menschen zu ihm. Denn überall herrschte der Hunger. Immer drückender wurde er.

23 | Josefs Brüder reisen nach Ägypten

Gen 42,1–28

Bis in das ferne Kanaan drang die Kunde, dass es im Land des Pharao Korn zu kaufen gab. Deshalb sandte Jakob, der seit dem Kampf mit Gott Israel genannt wurde, seine Söhne nach Ägypten. Nur Benjamin, den jüngsten, ließ er nicht mitziehen, weil er fürchtete, es könnte ihm ein Unglück zustoßen.

Lang und mühselig war der Weg bis Ägypten. Als die Söhne Israels bei Josef vorsprachen, verneigten sie sich mit dem Gesicht zur Erde. So erfüllte sich sein Traum. Josef, der wie ein Ägypter gekleidet war, erkannte sie sofort. Aber er zeigte seinen Brüdern nicht, was in ihm vorging. Stattdessen fuhr er sie barsch an: „Ihr seid Spione und wollt unser Land auskundschaften!"

„Nein, Herr", widersprachen die Söhne Israels erschrocken. „Wir sind ehrliche Leute und kommen aus Kanaan. Unser Vater hat zwölf Söhne. Zehn stehen vor dir, einer ist tot und der jüngste blieb daheim." Da dachte Josef daran, dass sie ihn als Sklaven verkauft hatten. „Ganz bestimmt seid ihr Spione", rief er noch einmal. „Woher weiß ich, ob ihr die Wahrheit sprecht? Darum schickt einen von euch nach Kanaan. Er soll den Jüngsten holen. Die anderen nehme ich bis dahin in Haft."

Dann ließ er sie festsetzen. Nach drei Tagen wurden sie ihm wieder vorgeführt. „Ich will, dass ihr am Leben bleibt. Denn ich fürchte Gott", sagte er zu ihnen. „Darum habe ich beschlossen, nur einen von euch hierzubehalten. Ihr anderen bringt das Korn nach Kanaan, damit eure Familien keinen Hunger leiden müssen. Sobald ihr mit dem Jüngsten zurückkommt, weiß ich, dass ihr ehrliche Leute seid, und lasse den Gefangenen wieder frei."

Da sagten sie zueinander: „Wisst ihr noch, wie wir Josef an die fremden Händler verkauft haben? Seine Angst war so groß und trotzdem hatten wir kein Mitleid mit ihm. Dafür werden wir nun bestraft." Josef tat so, als würde er sie nicht verstehen. Er wandte sich ab, um die Tränen aus seinen Augen zu wischen. Danach befahl er, einen der Brüder festzunehmen. Das war Simeon. Den anderen aber wurden die Säcke bis obenhin mit Korn gefüllt. Außerdem erhielten sie Verpflegung für die weite Reise, und Josef wies seine Leute an, ihnen das Geld, das sie für das Korn bezahlt hatten, heimlich in die Säcke zurückzulegen.

Mit ihren hoch bepackten Eseln verließen die Brüder das Land. Nach der Heimkehr aus Ägypten berichteten sie dem Vater, was vorgefallen war. Da klagte er: „Ihr bringt mich um meine Kinder. Josef ist nicht mehr, Simeon ist nicht mehr und Benjamin wollt ihr mir auch noch nehmen. Nein, ich lasse ihn nicht fort!"

Die Brüder wussten keine Antwort darauf. Schweigend öffneten sie die Säcke und sahen, dass in jedem Sack ein Beutel mit ihrem Geld lag. Was hatte das zu bedeuten?

24 | Benjamin und Josef

Gen 43,1–34

Die Hungersnot dauerte an und wurde immer größer. Bald war das Korn aufgebraucht, das die Brüder aus Ägypten mitgebracht hatten. Darum forderte sie der Vater auf: „Zieht noch einmal hin und kauft Getreide, damit wir Brot backen können." Aber sein Sohn Juda schüttelte den Kopf. „Nur wenn du uns Benjamin mitgibst, brechen wir auf", sagte er. „Der Vertreter des Pharao will ihn sehen. Deshalb behielt er Simeon als Pfand zurück."

„Warum nur habt ihr ihm von meinem Jüngsten erzählt?", klagte Jakob. Seine Söhne erwiderten: „Der Mann aus Ägypten wollte alles wissen. ‚Lebt euer Vater noch?', fragte er. ‚Und habt ihr einen Bruder?' Wir antworteten ihm wahrheitsgemäß. Konnten wir denn ahnen, dass er ausgerechnet Benjamin sehen möchte? Ohne ihn brauchen wir erst gar nicht aufzubrechen."

Ihr Vater blieb stumm. Da wandte sich Juda an ihn. „Lass den Jungen mit uns ziehen", bat er. „Ich verbürge mich für Benjamin. Sollte ich ihn nicht zurückbringen, will ich mein ganzes Leben schuldig sein vor dir. Viel zu lange zögerst du schon deine Erlaubnis hinaus. In dieser Zeit hätten wir zweimal nach Ägypten reisen können."

„Wenn es so ist", sagte Jakob, „dann bringt dem Mann in Ägypten die besten Waren unseres Landes. Schenkt ihm Balsam und Honig, Pistazien und Mandeln. Nehmt auch den doppelten Kaufpreis für das Korn mit und gebt ihm das Geld zurück, das ihr in den Säcken gefunden habt. Vielleicht war es ja nur ein Versehen." Und er betete: „Allmächtiger Gott, mein Herr, stimme den Mann in Ägypten gnädig, damit alle meine Söhne zurückkehren. Bis dahin bin ich ein Vater ohne Kinder."

25 | Der silberne Becher

Gen 44,1–45,28

Zum zweiten Mal zogen die Söhne Israels nach Ägypten. Als sie dort ankamen, führte sie der Verwalter in das Haus Josefs. Da sagten sie zu ihm: „Schon einmal sind wir hier gewesen und haben danach unser Geld in den vollen Kornsäcken wiedergefunden. Wir wissen nicht, wer es hineingelegt hat. Sieh her, hier geben wir es zurück."

„Fürchtet euch nicht", beruhigte sie der Verwalter. „Vielleicht ist dies ein Wunder eures Gottes. Ich jedenfalls habe das Geld bekommen." Er ließ ihre Esel füttern und brachte ihnen Simeon. Währenddessen wuschen sie die staubigen Füße in den Wasserbecken. Dann richteten sie die Geschenke her und warteten.

Als Josef erschien, verneigten sich die Brüder bis zum Boden. „Geht es eurem alten Vater gut, von dem ihr erzählt habt?", fragte er und sie erwiderten: „Deinem Knecht, unserem Vater, geht es gut." Danach zeigte er auf Benjamin. „Ist das euer jüngster Bruder?", erkundigte er sich und fügte hinzu: „Gottes Gnade sei mit dir, mein Sohn."

Plötzlich verließ er den Raum, weil er nicht mehr weiterreden konnte, so sehr rührte ihn das Wiedersehen. Draußen weinte Josef und wusch sich das Gesicht, bevor er zurückkehrte. Er bat sie jetzt zum Essen und wies den Söhnen Israels ihre Plätze nach dem Alter zu: Ruben nahm den ersten Platz ein, Benjamin den letzten. Verwundert schauten sich die Brüder an. Woher wusste der Stellvertreter des Pharao, wie alt sie waren?

Nach dem Essen gab Josef seinem Verwalter den Auftrag: „Fülle die Säcke der Männer bis obenhin mit Korn und lege ihr Geld dazu. In den Sack des Jüngsten aber stecke meinen silbernen Becher."

Am anderen Morgen, beim ersten Licht, brachen die Brüder wieder auf. Sie hatten sich noch nicht weit entfernt, da befahl Josef seinem Verwalter: „Jage hinter den Männern her. Wenn du sie erreicht hast, dann sage ihnen: ‚Mein Herr ist so gut zu euch gewesen. Trotzdem habt ihr Schlimmes getan und seinen silbernen Becher gestohlen.' "

Es dauerte nicht lange, bis der Verwalter die Brüder eingeholt hatte. Er machte ihnen Vorwürfe, so wie es ihm von Josef aufgetragen worden war. Empört wehrten sie sich: „Wir sind doch keine Diebe! Durchsuche unsere Säcke. Wenn du den Silberbecher findest, wollen wir die Sklaven deines Herrn sein!"

„So soll es geschehen", antwortete der Verwalter. Eilig luden sie die Säcke ab und stellten sie auf den Boden. Der Verwalter öffnete jeden Sack. Mit den Händen griff er tief in das Korn. Er begann bei Ruben, dem Ältesten, und hörte auf bei Benjamin, dem Jüngsten. In dessen Sack stieß er auf den silbernen Becher.

Da zerrissen sie ihre Kleider vor Trauer. Dann kehrten sie zurück zu Josef und fielen vor ihm nieder. „Was habt ihr getan?", fragte Josef. Juda, der sich schämte wie alle anderen, antwortete: „Womit sollen wir uns rechtfertigen? Gott hat unsere Schuld an das Licht gebracht. Jetzt sind wir deine Sklaven."

„Das will ich nicht", wehrte Josef ab. „Nur der, bei dem der Becher gefunden wurde, soll bei mir bleiben und mein Sklave sein. Ihr anderen kehrt heim zu eurem Vater."

Als Juda das hörte, nahm er seinen ganzen Mut zusammen. „Herr, du bist so mächtig wie der Pharao", fing er an. „Ich möchte nicht deinen Zorn hervorrufen, trotzdem muss ich mit dir reden. Unser jüngster Bruder wurde geboren, als mein Vater schon sehr alt war. Seine Mutter Rahel hat ihm noch einen weiteren Sohn geschenkt, der aber tot ist. Als Einziger blieb Benjamin. Unser Vater liebt ihn darum ganz besonders. Wenn wir ohne Benjamin heimkommen, stirbt er vor Gram. Ich habe mich bei unserem Vater für ihn verbürgt. Nimm deshalb mich als Sklaven und lass den Jungen gehen."

Da konnte sich Josef nicht länger beherrschen. Er schickte seine Diener hinaus. Unter Tränen rief er: „Ich bin Josef, euer Bruder!" Fassungslos standen die Söhne Israels vor ihm und wussten nicht, was sie sagen sollten …

„Kommt doch näher", bat Josef. „Ich bin es wirklich. Ihr habt mich nach Ägypten verkauft. Doch das soll euch nicht mehr leid tun. Gott wollte es so. Hier kann ich Menschen retten. Auch euch kann ich retten." Dann schloss er Benjamin in die Arme.

„Zieht rasch nach Hause", sagte er, „und erzählt unserem Vater, dass Gott mich zum Herrn in ganz Ägypten gemacht hat. Richtet ihm aus: ‚Noch fünf Jahre dauert die Hungersnot. Also komm mit deinen Kindern und Enkeln, mit deinen Schafen, Ziegen und Rindern. Lass dich in meiner Nähe nieder. Ich werde für alle sorgen.'"

An diesem Tag saßen sie noch lange beisammen. Auch der Pharao erfuhr, was geschehen war. Er bestellte Josef zu sich und sagte: „Deine Brüder sollen Wagen aus Ägypten mitnehmen für ihre Frauen und Kinder. Als Erster soll dein Vater in einen Wagen steigen. Wenn deine Verwandten kommen, wird es ihnen an nichts fehlen in diesem Land."

Josefs Familie und deren Freunde ließen sich in Goschen, im Norden Ägyptens, nieder. In dieser Region, dem Nildelta, teilt sich der Nil in viele kleinere Flüsse. Die Gegend ist sehr fruchtbar.

26 | Jakob träumt noch einmal

Gen 46,1–4

Als die Söhne Israels in Kanaan eintrafen und ihrem Vater berichteten, was vorgefallen war, verflog seine Trauer. „Mein Sohn Josef lebt", sagte er glücklich. „Ich will ihn sehen, bevor ich sterbe." Da packten sie ihre Habe ein, trieben das Vieh zusammen und hoben die Frauen und Kinder auf die Wagen, die der Pharao geschickt hatte.

So kamen sie nach Beerscheba. Dort brachte Jakob dem Gott seiner Väter ein Dankopfer dar. In der Nacht träumte er. „Jakob! Jakob!", sprach Gott zu ihm. „Fürchte dich nicht, nach Ägypten hinabzuziehen. Denn dort mache ich dich zu einem großen Volk. Ich bin bei dir und ich werde dich und dein Volk auch wieder zurückbringen."

Gen 47,27–31

In Ägypten erhielten sie den fruchtbarsten Teil des Landes, wie es der Pharao zugesagt hatte. Zahlreich wurden die Kinder Israels. Jakob lebte noch siebzehn Jahre unter ihnen. Bevor er starb, rief er seinen Sohn Josef zu sich. „Begrabe mich nicht in Ägypten", bat er, „sondern im Land meiner Väter."

Das versprach Josef.

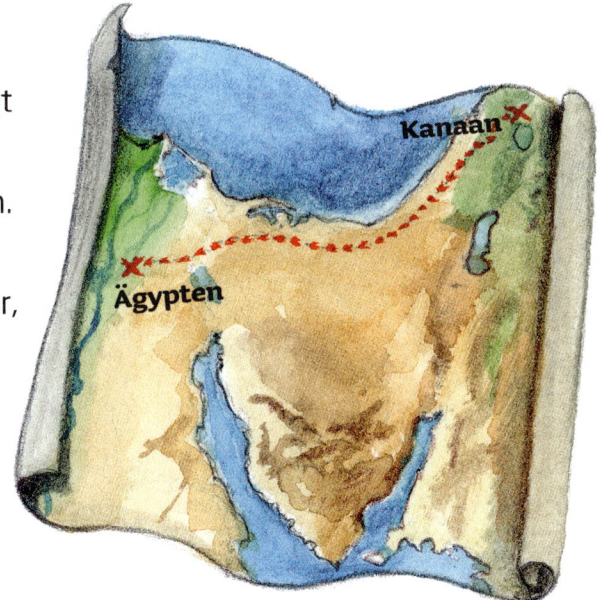

27 | Unterdrückung in Ägypten

Ex 1,6–22

Josef und seine Brüder waren inzwischen alt geworden und verstorben. Ihre Kinder und ihre Enkel aber wuchsen zu einem großen Volk heran, wie Gott es gesagt hatte. Da fürchtete sich der neue Pharao vor diesem Volk. „Seht die Hebräer", sagte er, „sie werden immer zahlreicher. Eines Tages helfen sie unseren Feinden und kämpfen gegen uns."

Deshalb bestimmte der Pharao Aufseher. Sie sollten das Volk, das ihm so verdächtig war, überwachen und unterdrücken. Die Nachfahren Jakobs mussten jetzt auf den Feldern und in den Lehmgruben schuften. Unter der glühenden Sonne formten sie Ziegel und bauten große Vorratshäuser. Wie Sklaven wurden sie behandelt.

Doch das genügte dem Pharao noch nicht. Er ließ die beiden Hebammen der Israeliten holen und schärfte ihnen ein: „Von den Neugeborenen eures Volkes sollt ihr alle Jungen töten, nur die Mädchen können am Leben bleiben."

„Das dürfen wir nicht tun. Gott schützt unser Volk. Er ist größer als der König von Ägypten", dachten die Hebammen. Sie erfanden eine Ausrede und sagten zu dem Herrscher: „Die Frauen unseres Volkes brauchen keine Helferinnen bei der Geburt. Wenn wir kommen, haben sie ihre Kinder bereits zur Welt gebracht." Darüber geriet der Pharao erst recht in Zorn.

Er befahl seinem Volk, den Ägyptern: „Werft alle Söhne, die von den Hebräerinnen geboren werden, in den Nil!"

28 | Mose im Binsenkörbchen

Ex 2,1–10

Während der Zeit der Unterdrückung heirateten ein Mann und eine Frau aus dem Volk der Israeliten. Die Frau wurde schwanger und gebar einen Sohn. „Was für ein schönes Kind", dachte sie glücklich. Gleichzeitig wuchs ihre Angst. Denn sie musste den Sohn vor den Häschern des Pharao schützen. Drei Monate verbarg sie ihn. Dann war seine Stimme so kräftig, dass sich das Kind nicht länger verheimlichen ließ.

Deshalb flocht die Mutter ein Körbchen aus Binsen und dichtete es mit Pech ab, damit kein Wasser eindringen konnte. Dann legte sie den Sohn hinein und setzte ihn im Schilf am Nilufer aus. Dort schaukelte das Körbchen wie eine kleine Arche auf den Wellen. Mirjam, die ältere Schwester des Jungen, aber blieb in der Nähe und beobachtete heimlich, wohin das Körbchen trieb.

An diesem Tag stieg die Tochter des Pharao zum Nil hinunter, weil sie baden wollte. Ihre Dienerinnen begleiteten sie. Die Prinzessin entdeckte das Körbchen, das auf dem Wasser schwamm, und ließ es von einer Magd aus dem Schilf holen.

Als sie das Körbchen aus dem Wasser hob und einen weinenden Jungen erblickte, bekam sie Mitleid mit ihm. „Das ist gewiss ein Kind der Hebräer", rief sie. In dem Augenblick trat Mirjam hinzu und fragte: „Soll ich bei den Hebräerinnen eine Amme ausfindig machen, die das Kind stillen kann?"

„Ja, tu das. Suche eine Amme", erwiderte die Prinzessin.

So schnell sie konnte, lief Mirjam nach Hause. Bald darauf kehrte sie mit ihrer Mutter zurück. „Hier ist ein Kind, das ich im Schilf gefunden habe", sagte die Tochter des Pharao zu ihr. „Still es für mich. Ich werde dich dafür bezahlen."

Dankbar nahm die Mutter ihren Sohn mit. Er stand jetzt unter dem Schutz der Prinzessin, niemand durfte ihm etwas zuleide tun. Als der Junge herangewachsen war, brachte sie ihn in den Palast.

Die Tochter des Pharao nahm ihn als Sohn an und nannte ihn Mose.

29 | Flucht nach Midian

Ex 2,11–22

Die Jahre vergingen. Mose wuchs am Hof des Pharao heran. Eines Tages verließ er den Palast. Draußen auf den Feldern plagten sich die Männer seines Volkes. Erschrocken sah er, wie unbarmherzig die Aufseher sie behandelten. Noch mehr erschrak er, als vor seinen Augen ein Israelit von einem Ägypter erschlagen wurde. Voller Zorn mischte er sich ein und tötete den Ägypter. Danach vergrub er ihn im Sand.

Der Pharao hörte davon. Mose drohte die Todesstrafe für sein Vergehen. Deshalb floh er nach Midian, in die Wüste. Erschöpft durch die lange Flucht, ruhte er sich an einem Brunnen aus. Da kamen die sieben Töchter des Priesters von Midian mit ihren Schafen und Ziegen, aber die anderen Hirten drängten die Mädchen beiseite. Als Mose das sah, eilte er ihnen zu Hilfe und sorgte dafür, dass sie ihre durstigen Tiere am Brunnen tränken konnten.

Erleichtert trieben sie die Herde, die dem Vater gehörte, nach Hause. „Warum seid ihr so rasch zurück?", fragte der Priester, und sie berichteten ihm: „Ein Ägypter hat uns gegen die Hirten verteidigt. Sogar Wasser hat er für unsere Schafe und Ziegen geschöpft."

„Wo ist der Fremde?", erkundigte sich der Priester daraufhin. „Warum habt ihr ihn nicht mitgebracht? Geht und sucht den Mann, dann ladet ihn zum Essen ein."

Mose folgte der Einladung. Er blieb bei dem Priester und heiratete dessen Tochter Zippora. Als sie ihrem Mann einen Sohn gebar, nannte er ihn Gerschom, das heißt Fremdling, und sagte: „In einem fremden Land bin ich Gast."

30 | Der brennende Dornbusch

Ex 3,1–6

Nach vielen Jahren starb der König von Ägypten. Aber die Israeliten wurden weiter wie Sklaven unterdrückt. Ihre Hilferufe stiegen zu Gott empor. Der Allmächtige hörte die Klagen und dachte an seinen Bund mit Abraham, Isaak und Jakob.

In jener Zeit weidete Mose die Schafe und Ziegen seines Schwiegervaters Jitro. Er trieb die Herde weit in die Steppe hinaus bis zu dem Gottesberg, der Horeb genannt wurde. Plötzlich erblickte er einen Dornbusch, aus dem eine Flamme schlug. Der Dornbusch brannte und trotzdem verbrannte er nicht. Mose trat näher und staunte: „Ich will mir diese geheimnisvolle Erscheinung ansehen."

In diesem Augenblick rief ihn der Herr: „Mose, Mose!" Und er antwortete: „Hier bin ich."

„Komm nicht näher", sagte der Herr. „Leg deine Schuhe ab. Der Ort, auf dem du stehst, ist heilig. Ich bin der Gott deines Vaters, der Gott Abrahams, der Gott Isaaks und der Gott Jakobs."

Da verhüllte Mose sein Gesicht, denn er fürchtete sich.

31 | Gott offenbart seinen Namen

Ex 3,7–17

Jetzt sprach der Herr: „Ich habe das Elend meines Volkes gesehen und seine Klagen gehört. Ich kenne das Leid der Unterdrückten. Deshalb will ich sie von der Knechtschaft befreien und nach Kanaan geleiten, in ein schönes, weites Land, in dem Milch und Honig fließen. Geh nun, ich sende dich zum Pharao. Führe mein Volk hinaus aus Ägypten." Erschrocken fragte Mose: „Wer bin ich, dass ich so einfach zum König der Ägypter gehen könnte?"

„Ich sende dich zum Pharao und ich beschütze dich dabei", erwiderte Gott. „Wenn du mein Volk aus Ägypten hinausgeführt hast, werdet ihr an diesem Berg beten und mich verehren."

Noch immer zögerte Mose. Schließlich sagte er: „Gut, ich gehe zu den Israeliten und sage allen: ‚Der Gott eurer Väter schickt mich.' Bestimmt fragen sie mich dann: ‚Wie heißt denn der Gott unserer Väter?' Was soll ich ihnen darauf antworten?"

Und Gott sprach: „Ich bin JAHWE. Ich bin, der ich bin, und ich bin für euch da. Sage deshalb zu den Israeliten: ‚JAHWE hat mich zu euch gesandt.' Das ist mein Name für immer, so wird man mich allzeit nennen."

32 | Der Zorn des Pharao

Ex 4,10–16

Mose fürchtete sich. Seine Zunge war schwerfällig, er konnte nicht gut reden. Wie sollte er da vor den Pharao treten? „Dein Bruder Aaron", sagte der Herr, „ist dein Mund. Er wird für dich zu meinem Volk und zum König der Ägypter sprechen." Deshalb ging Mose mit Aaron zum König von Ägypten. „So spricht Jahwe, der Gott Israels: ‚Lass mein Volk ziehen!'", sagten sie. „Wer ist Jahwe, dass ich auf ihn hören sollte?", antwortete der Pharao. „Ich kenne euren Gott nicht. Geht wieder an die Arbeit!" Noch am selben Tag befahl er seinen Aufsehern: „Gebt den Hebräern kein Stroh mehr zur Beimischung für die Lehmziegel. Sie sollen es sich selbst besorgen. Trotzdem will ich, dass sie genauso viele Ziegel abliefern wie bisher." Verzweifelt suchten die Israeliten das Stroh auf den Feldern in ganz Ägypten zusammen. Als sie die festgesetzte Menge an Ziegeln nicht erreichten, wurden sie von den Aufsehern mit Peitschen angetrieben.

Da gingen die Vorsteher der Israeliten zum Pharao. „Warum tust du deinen Sklaven das an?", klagten sie. Er aber schrie: „Faul seid ihr, faul! Fort mit euch und macht eure Arbeit!"

33 | Die ägyptischen Plagen

Ex 5,20–23; 7,14–10,20

Als die Anführer der Israeliten zurückkamen vom Pharao, begegneten sie Mose und Aaron. „Wegen euch sind wir beim König der Ägypter und bei seinen Dienern verhasst. Jetzt quälen sie uns noch mehr als früher", warfen sie den Brüdern vor. Daraufhin wandte sich Mose an den Herrn. „Wozu hast du mich gesandt?", fragte er. „Seit ich zum Pharao gegangen bin und in deinem Namen mit ihm geredet habe, behandelt er die Israeliten so grausam wie nie zuvor."

„Ich bin Jahwe", antwortete der Herr. „Ihr seid mein Volk und ich rette euch aus der Sklaverei. Geh noch einmal zum Pharao und sage zu ihm durch den Mund deines Bruders Aaron: ‚Lass mein Volk ziehen! Wenn du es nicht freigibst, wird Jahwe schwere Plagen über dein Land schicken.'"

Aber der Pharao weigerte sich, die Israeliten ziehen zu lassen. Störrisch saß er auf seinem Thron und nahm das Unheil hin. Zuerst verwandelte sich das Nilwasser in Blut. Flüsse, Sümpfe und Wasserstellen färbten sich dunkelrot, und alle Fische starben. Dann wimmelte das ganze Land von Fröschen, sogar in den Palast des Königs und in sein Schlafgemach drangen sie ein. Stechmücken setzten sich auf die Menschen und auf das Vieh, Ungeziefer bedeckte den Boden, und Seuchen rafften die Pferde und Esel, Kamele und Rinder, Schafe und Ziegen dahin. Auch die Menschen wurden von den Seuchen niedergeworfen.

Danach erschlug ein gewaltiger Hagel alles, was auf den Feldern wuchs. Heuschrecken fielen in riesigen Schwärmen über das Land her, das ganz schwarz wurde von ihnen. Sie fraßen die Bäume und die Büsche kahl. Schließlich zog eine undurchdringliche Finsternis herauf. Drei Tage war es so dunkel in Ägypten, dass keiner den anderen sah und sich niemand von der Stelle rühren konnte.

Nur die Israeliten blieben von diesen Plagen verschont. Da wandten sich die Diener an den Pharao. „Wie lange sollen wir noch im Unglück leben?", fragten sie. „Lass diese Männer und ihr Volk fortziehen. Merkst du nicht, dass sonst unser Land zugrunde geht?"

Doch der Pharao zeigte sich weiterhin unnachgiebig.

34 | Der Auszug aus Ägypten – Das Paschafest

Ex 12,1–13,10

Daraufhin brach das schlimmste Unheil über Ägypten herein. Gott hatte dieses Unheil Mose und Aaron angekündigt, damit sie ihr Volk vorbereiten konnten. Sogleich riefen sie die Ältesten zusammen. Mose sagte: „Am vierzehnten Tag des Monats soll in jeder Familie gegen Abend ein Lamm geschlachtet werden. Nehmt einen Zweig, taucht ihn in die Schüssel mit dem Blut des Lammes und streicht es auf die Türpfosten und die Schwellen eurer Häuser. Denn in dieser Nacht geht der Herr durch Ägypten. Dann sterben alle erstgeborenen Söhne. Wenn der Herr aber das Blut an euren Türen sieht, wird er dem Tod nicht erlauben, bei euch einzutreten."

Und Mose fuhr fort: „Noch in der gleichen Nacht sollt ihr das Lamm über dem Feuer braten und mit Bitterkräutern essen. Lasst nichts übrig von dem Fleisch. Gürtet euch, tragt Schuhe an den Füßen und haltet den Stab in der Hand. Esst rasch, denn wir werden bald aufbrechen und Ägypten verlassen."

Die Israeliten warteten in ihren Häusern, während der Tod alle Erstgeborenen von Ägypten dahinraffte: den Sohn des Pharao, der auf dem Thron saß, genauso wie den Sohn der Magd, die ihre Arbeit mit der Handmühle verrichtete. Da erhob sich ein großes Wehgeschrei im ganzen Land. Überall weinten die Menschen, überall klagten sie. Mitten in der Nacht ließ der Pharao Mose und Aaron holen. „Verlasst sofort Ägypten", sagte er. „Nehmt alles mit, was euch gehört, eure Schafe, Ziegen und Rinder. Zieht fort und verehrt euren Gott in der Wüste. Betet auch für mich!"

Die Ägypter jagten das Volk der Israeliten aus dem Land. „Geht, sonst kommen wir alle noch um", riefen sie ihnen nach. In der Eile mussten die Israeliten sogar den Brotteig ungesäuert mitnehmen. Sie umwickelten die Backschüsseln mit ihren Kleidern und trugen sie auf den Schultern weg.

„Jahr für Jahr sollt ihr Gott danken an diesem Tag, dass er euch mit starker Hand aus dem Sklavenhaus Ägypten herausgeführt hat", sagte Mose zu seinem Volk. Deshalb feiern die Israeliten bis heute den Tag der Befreiung von ihrer Knechtschaft. Das Fest, an dem sie ungesäuertes Brot essen, nennen sie Pascha, das heißt Vorübergang, weil damals der Tod an den Häusern der Israeliten vorübergegangen ist.

35 | Gott führt sein Volk durch das Meer

Ex 13,17–14,31

Der Herr geleitete sein Volk durch die Wüste bis zum großen Schilfmeer. Solange es hell war, zog er in einer Wolkensäule vor den Israeliten her und zeigte ihnen den Weg. In der Dunkelheit aber stand eine Feuersäule an der Spitze des Zuges, die allen leuchtete.

Währenddessen merkten die Ägypter, wie sehr ihnen die Sklaven fehlten. Wer arbeitete jetzt noch in den Lehmgruben, wer suchte das Stroh auf den Feldern zusammen? Daran hatte der Pharao nicht gedacht, jedenfalls nicht in der Nacht des Unheils. „Wie konnte ich die Israeliten freigeben?", fragte er seine Diener und ärgerte sich.

Kurz entschlossen ließ der Herrscher die Pferde vor die Streitwagen spannen. Sechshundert Wagen nahm er mit, auf jedem standen drei Krieger. So jagte er hinter dem Volk her, das er fortgeschickt hatte, und holte es schon bald ein.

Nichts ahnend wollten die Israeliten ihr Lager am großen Schilfmeer errichten. Als sie aufblickten, entdeckten sie das Heer des Pharao. Rasch näherte es sich. Da erfasste sie eine große Angst und sie flehten zum Herrn um Hilfe. Verzweifelt schrien sie Mose an: „Hast du uns aus Ägypten herausgeholt, damit wir in dieser Wüste umkommen? Geh weg, lass uns in Ruhe! Wir wollen nicht sterben! Lieber sind wir die Sklaven der Ägypter …"

Mose versuchte, sie zu beschwichtigen. „Fürchtet euch nicht", sagte er. „Jahwe wird euch retten. Schaut die Ägypter noch einmal an, denn ihr werdet

sie nie wiedersehen!" Und er folgte dem Auftrag des Herrn und streckte seine Hand über das Meer. Da spaltete es sich. Ein starker Ostwind, der während der ganzen Nacht wehte, trieb das Wasser auseinander. Wie eine Mauer stand es zu beiden Seiten, während die Israeliten durch das Meer dem anderen Ufer entgegenzogen.

Obwohl es finster war und Blitze am Himmel zuckten, setzten die Ägypter den Flüchtenden nach. Auch sie nutzten die Furt, die so wunderbar entstanden war. Aber Gott hemmte die Räder ihrer Streitwagen und ließ sie im Schlamm versinken. Als der Morgen dämmerte, sprach der Herr zu Mose: „Strecke deine Hand noch einmal aus über dem Wasser! Dann wird es zurückfließen und die Reiter und die Streitwagen der Ägypter bedecken."

So geschah es. Das Heer des Pharao ging mit allen Pferden und Wagen in den Fluten unter. Jahwe hatte sein Volk gerettet. Die Israeliten aber erschraken, weil der Herr so mächtig war. Fortan glaubten sie an ihn und vertrauten Mose, seinem Knecht.

36 | Mirjam mit der Pauke

Ex 15,1–21

Die Israeliten waren durch das Meer gezogen. Ihre Füße blieben dabei trocken. Ihre Feinde wurden aber vernichtet. Deshalb sang Mose dem Herrn ein Lied:

„Gott ist unser Retter.
Rosse und Wagen der Ägypter
warf er in das Meer.
Die Fluten deckten sie zu.
Wie Steine sanken sie
in die Tiefe.
Wer kann sich vergleichen
mit Dir, o Herr?
Wer vollbringt solche Wunder?
Du bist unser König
für immer und ewig."

Da nahm Mirjam, die Schwester von
Mose und Aaron, eine Pauke. Sie
schlug den Takt auf ihr, und die Frauen
tanzten dazu. Mirjam aber sang:

„Singt dem Herrn!
Rosse und Wagen der Ägypter
warf er in das Meer.
Gott ist unser Retter."

37 | Nahrung in der Wüste

Ex 16

Die Israeliten zogen jetzt durch die Wüste Schur, die trocken und heiß war. Als sie endlich zu einem Brunnen kamen, schmeckte sein Wasser bitter. Deshalb murrten sie und fragten Mose: „Was sollen wir jetzt trinken? Wir sterben vor Durst!" Weil Mose keinen Rat wusste, wandte er sich an Gott um Hilfe. Während er noch betete, sah er ein Stück Holz. Er hob es auf und warf es in den Brunnen. Da verlor das Wasser seine Bitterkeit, es wurde klar, und alle tranken davon. Mose aber hörte die Stimme Gottes. „Ich bin euer Herr, ich bin euer Arzt", sagte sie zu ihm.

Danach erreichten die Israeliten Elim. Hier gab es zwölf Quellen und siebzig Palmen. An diesem Ort errichteten sie ihr Lager und legten eine längere Rast ein. Denn nun wartete die Wüste Sin auf sie, die noch heißer und trockener war. Mit jedem Tag in der Wüste wuchs die Erschöpfung der Israeliten. Der Hunger plagte sie so schlimm, dass sie sich gegen Mose und Aaron empörten.

„Wären wir doch in Ägypten geblieben!", schrien sie. „Dort saßen wir vor vollen Fleischtöpfen, dort hatten wir genügend Brot zum Essen." Jahwe hörte die Klage des Volkes und sprach zu Mose: „Sag allen: ‚Noch an diesem Abend werdet ihr Fleisch und am Morgen Brot bekommen. So erkennt ihr, dass ich der Herr, euer Gott, bin.'"

Kaum hatte der Abend angefangen, erschien ein Vogelschwarm wie eine riesige Wolke am Himmel. Das waren Wachteln, die beim Lager der Israeliten niedergingen. Mühelos ließen sie sich fangen. Am Morgen lag Tau rings um die Zelte. Als er in der Sonne verdunstete, sahen die Israeliten runde Körner auf dem Boden.

„Was ist das?", fragten sie misstrauisch, und Mose antwortete: „Das ist das Brot, das der Herr euch gibt. Jeder soll davon so viel aufsammeln, wie er zum Essen braucht."

Das taten sie auch und keiner hatte zu viel und keiner zu wenig gesammelt. Als der sechste Tag anbrach, füllten sie die doppelte Menge der Körner in ihre Krüge und Schalen. Die Ältesten des Volkes erzählten Mose davon und er sagte: „So ist es gut. Denn am sechsten Tag gibt euch der Herr das Brot auch für den siebten Tag. Dies ist sein heiliger Tag, der Sabbat, an dem niemand hinausgehen und arbeiten soll."

Deshalb ruhten die Israeliten am Sabbat. Das Brot des Herrn aber nannten sie Manna. Es war knusprig und schmeckte wie Honigkuchen.

Vierzig Jahre aßen die Israeliten das Manna, bis sie nach Kanaan kamen.

38 | Gott erscheint am Berg Sinai

Ex 19,1–25

Schließlich erreichten die Israeliten ihr Ziel in der Wüste. Gegenüber dem Gottesberg schlugen sie ein Lager auf.

Während Mose den Berg hinaufstieg, rief der Herr aus der Höhe: „Das ist meine Botschaft für euch: Ihr habt gesehen, was mit den Ägyptern geschah. Wie ein Adler, der seine Jungen auf den Fittichen trägt, so brachte ich euch hierher. Hört auf meine Stimme und haltet den Bund, den ich mit euren Vätern geschlossen habe. Ihr seid mein heiliges Volk."

Danach kehrte Mose um. Er rief die Ältesten zusammen. Dann wiederholte er die Worte des Herrn, und sie versprachen: „Wir wollen alles tun, was Jahwe von uns fordert."

Als der Herr die Antwort des Volkes vernahm, sagte er zu Mose: „Zwei Tage sollt ihr euch vorbereiten auf mich. Wascht eure Kleider und reinigt eure Herzen. Denn am dritten Tag komme ich in einer Wolke. Das Volk wird mich hören, wenn ich mit dir spreche."

Als der dritte Tag anbrach, blitzte und grollte es. Eine schwere Wolke lag über dem Gottesberg, und die Erde bebte vom Schall gewaltiger Hörner. Alle fürchteten sich. Mose führte die Israeliten aus dem Lager, dem Herrn entgegen. Am Fuße des Berges blieben sie stehen. So hatte es Jahwe befohlen.

Jetzt ging Mose allein weiter. Während die Hörner immer lauter dröhnten, stieg Gott im Feuer auf seinen Berg hinunter. Dichter Rauch wie aus einem

39 | Die Zehn Gebote

Ex 20,1–17

„Ich bin der Herr, dein Gott, der dich aus dem Sklavenhaus Ägypten geführt hat." So sprach Jahwe auf dem Gottesberg zu seinem Volk. Dann verkündete er seine Gebote:

Du sollst keine anderen Götter neben mir haben.

Du sollst dir kein Bild von Gott machen.

Du sollst den Namen des Herrn, deines Gottes, nicht missbrauchen.

Du sollst den Sabbat achten und ihn heiligen. Sechs Tage darfst du schaffen und jede Arbeit tun. Der siebte Tag aber ist ein Ruhetag und dem Herrn, deinem Gott, geweiht.

Du sollst deinen Vater und deine Mutter ehren, damit du lange lebst in dem Land, das der Herr, dein Gott, dir gibt.

Du sollst nicht morden.

Du sollst nicht die Ehe brechen.

Du sollst nicht stehlen.

Du sollst nicht falsch aussagen gegen deinen Nächsten.

Du sollst nicht nach dem Haus deines Nächsten verlangen oder nach irgendetwas, das ihm gehört.

Das sind die Gebote, die der Herr erließ. Er sprach mitten aus dem Feuer, aus Wolken und Dunkel, unter lautem Donner.

40 | Das Goldene Kalb

Ex 24,12.18; 31,18–32,35

Noch einmal stieg Mose den Gottesberg hinauf. Dort übergab ihm Jahwe zwei Steintafeln, auf die er seine Gebote für die Israeliten geschrieben hatte. Vierzig Tage und Nächte blieb Mose fort.

Das Volk aber wartete am Fuße des Berges in seinem Lager. Als es sah, dass Mose noch immer nicht zurückkam, wurde es unruhig und versammelte sich um Aaron. „Wir wissen nicht, was mit dem Mann geschehen ist, der uns aus Ägypten hinausgeführt hat", riefen die Israeliten. „Komm, mach einen Gott für uns. Dieser Gott soll uns durch die Wüste vorausziehen."

Aaron fürchtete ihre Ungeduld. Deshalb versuchte er, sie zu beruhigen. „Sammelt alle goldenen Ohrringe, die eure Frauen, Söhne und Töchter tragen", sagte er. „Dann bringt sie mir." Als er genügend Ringe hatte, schmolz er sie ein und goss daraus ein Kalb. Ähnliche Figuren kannten die Israeliten von ihren Nachbarvölkern. „Das ist jetzt unser Gott", freuten sie sich.

Daraufhin errichtete Aaron einen Altar aus Steinen vor dem Goldenen Kalb. „Morgen feiern wir ein Fest zur Ehre unseres Herrn", kündigte er den Israeliten an.

Am nächsten Morgen standen alle zeitig auf und brachten dem Goldenen Kalb ihre Opfer dar. Sie aßen und tranken, anschließend tanzten sie um die Figur herum. Immer ausgelassener wurden sie.

Zur gleichen Zeit stieg Mose vom Gottesberg herab. Schon von Weitem hörte er den Lärm im Lager. Als er das Goldene Kalb entdeckte, geriet er außer sich vor Zorn. Er schleuderte Gottes Steintafeln gegen die Felsen. Wütend zerschmetterte er sie.

Danach packte Mose das Kalb, das Aaron gemacht hatte, und verbrannte es im Feuer. Die Asche zertrat er mit den Füßen.

„Ihr habt euch abgewandt von Jahwe", sagte er zornig zu den Israeliten. „Trotzdem will ich den Herrn bitten, dass er euch nicht verlässt."

Was Mose erhofft hatte, trat ein: Gott blieb bei seinem Volk und begleitete es auf dem langen, beschwerlichen Weg durch die Wüste. Schließlich erreichten die Israeliten Kanaan, das gelobte Land, das Jahwe ihren Vätern versprochen hatte.

Mose durfte dieses Land noch von einem Berggipfel aus sehen, bevor er starb. Dreißig Tage trauerte das Volk um den Mann Gottes, der es aus der Knechtschaft in Ägypten befreit hatte.

41 | Höre, Israel — Das Liebesgebot

Lev 19,18.33–34

Mose war die Stimme Gottes. Er überbrachte den Israeliten die Weisungen des Herrn:

„Du sollst deinen Nächsten lieben wie dich selbst."

„Wenn unter euch ein Fremder lebt, dürft ihr ihn nicht unterdrücken. Behandelt ihn so, als wäre er einer von euch. Auch ihr seid einmal Fremde in Ägypten gewesen."

„Es gibt keinen anderen Gott als Jahwe", verkündete Mose den Israeliten. Immer wieder mahnte er das Volk:

Dtn 6,4–9

„Höre, Israel!
Jahwe ist unser Gott.
Unser Herr ist er
einzig und allein.
Darum, Israel,
sollst du den Herrn,
deinen Gott,
lieben mit ganzem Herzen,
mit ganzer Seele
und mit ganzer Kraft.

Diese Worte sollt ihr sprechen, wenn ihr zu Hause sitzt und wenn ihr auf der Straße geht, wenn ihr euch zum Schlafen niederlegt und wenn ihr aufsteht. Ihr sollt sie auf die Türpfosten eurer Häuser schreiben und auf eure Stadttore."

42 | Gott spricht zum schlafenden Samuel

1 Sam 3,1–21

Die Israeliten machten ganz Kanaan zu ihrem Land. Bald waren sie ein großes Volk, wie Jahwe es versprochen hatte.

Auch Samuel gehörte zu diesem Volk. Er diente Gott im Tempel und er wurde dabei von Eli, dem Priester, angeleitet.

Eli war alt und blind. Eines Tages hatte er sich bereits zum Schlafen niedergelegt, obwohl die Sonne noch nicht untergegangen war. Auch Samuel schlief im Tempel. Da rief ihn der Herr beim Namen. Sogleich erhob sich der Junge von seinem Lager, lief zu Eli und sagte: „Hier bin ich. Du hast mich gerufen." – „Ich habe dich nicht gerufen", antwortete Eli. „Leg dich wieder hin."

Das tat er. Doch der Herr rief ein zweites Mal: „Samuel!" Wieder ging dieser zu dem Priester und weckte ihn: „Hier bin ich. Du hast mich gerufen."

„Nein, das habe ich nicht", erwiderte Eli. „Schlaf weiter, mein Sohn."

Als Samuel ein drittes Mal zu ihm kam, erkannte der Priester, dass Jahwe mit dem Jungen sprechen wollte. Er sagte zu ihm: „Wenn du wieder gerufen wirst, dann antworte: ‚Rede, Herr, denn dein Diener hört.'"

Samuel befolgte den Rat des Priesters. In dieser Nacht kündigte Jahwe schlimme Zeiten für die Menschen in Israel an. Am nächsten Morgen fragte Eli den Jungen: „Was hat Gott gesprochen?" Samuel zögerte zuerst, dann begann er zu erzählen. Eli aber hörte erschrocken zu. „Es ist der Herr", sagte er schließlich. „Sein Wille geschehe."

Samuel wuchs heran, und Gott war mit ihm. Jedes seiner Worte erfüllte sich. Überall im Volk wurde er als Prophet verehrt. Die Israeliten beriefen ihn zu ihrem Richter. Später salbte er ihre ersten beiden Könige: Saul und David.

Eli, der Hohepriester,
lehrte Samuel, wie man Gottes
Gesetze befolgt.
Heute werden jüdische Kinder
vom Rabbi, dem Lehrer der
jüdischen Gesetze, unterrichtet.

43 | David und Goliat

1 Sam 17

König Saul war schwermütig. Oft saß er wie abwesend da. Der traurige Herrscher stimmte auch seine Diener traurig. „Sollen wir einen Harfenspieler suchen?", fragten sie ihn. „Vielleicht kann er dich aufmuntern."

Einer der Diener kannte einen jungen Schafhirten namens David aus Betlehem. Dieser entlockte seiner Harfe die schönsten Töne. Deshalb wurde er an den Hof Sauls geholt. Davids Harfenspiel stimmte den König fröhlich.

Damals sammelten sich die Philister zum Kampf gegen die Israeliten. Die beiden Heere standen sich an zwei Berghängen gegenüber. Zwischen ihnen lag ein Tal. David war noch zu jung für den Krieg, darum hatte ihn der König heimgeschickt nach Betlehem.

Als sich die Kämpfer zur Schlacht aufstellten, trat aus den Reihen der Philister ein Furcht einflößender Riese vor. Er trug einen Helm, einen gewaltigen Brustpanzer und Schienen aus Bronze an den Beinen. Der Riese wurde Goliat genannt.

Sein scharfes Schwert glänzte, und der Schaft seines Speeres war so dick wie ein Baumstamm.

„Wer wagt es und kämpft mit mir?", schrie Goliat. „Wenn er mich tötet, sind wir eure Sklaven. Aber wenn ich ihn töte, gehört ihr uns und müsst uns dienen." Laut brüllend verhöhnte er die Israeliten, sodass sie erst recht vor ihm erschraken und sich nicht rührten. Nachdem er eine Weile gewartet hatte, stapfte Goliat zurück zu den Philistern.

Von nun an forderte er die Gegner jeden Morgen und jeden Abend heraus. Doch keiner wollte sich mit dem Riesen messen. Eines Tages sandte Davids Vater seinen Jüngsten in das Kriegslager. Er brachte den Brüdern Brot und geröstetes Korn. Dabei sah David, wie sich die Israeliten ein weiteres Mal zur Schlacht aufstellten. Wieder schwang Goliat seine Waffen vor ihnen und schüchterte sie ein.

„Wer ist dieser Mann, dass er das Volk Gottes so verspotten darf?", fragte er seinen ältesten Bruder. Dieser geriet darüber in Zorn und wies David zurecht: „Sei still. Du bist doch nur hergekommen, weil du diesen Kampf sehen willst. Kümmere dich lieber um deine Schafe."

Als der König hörte, was sein Harfenspieler gesagt hatte, ließ er ihn holen. David war noch immer empört. „Niemand muss sich vor dem Riesen fürchten", sagte er zu Saul. „Ich will mit ihm kämpfen."

„Dafür bist du zu jung. Du kannst nicht einfach hingehen und ihn herausfordern", antwortete Saul. „Goliat hat dir viele Jahre im Waffendienst voraus. Er ist ein erfahrener Krieger."

„Das mag sein", gab David zu. „Aber ich habe die Schafe meines Vaters gehütet. Wenn ein Löwe oder ein Bär die Herde überfiel und ein Lamm verschleppen wollte, schlug ich auf ihn ein und riss das Tier aus seinem Rachen. Jahwe, der mich vor den Löwen und Bären beschützte, wird mir auch gegen diesen Riesen helfen."

Da nickte Saul. Er segnete den Jungen, bevor er ihm seinen Panzer anlegte. David versuchte, in der Rüstung zu gehen, doch sie war viel zu groß und zu schwer für ihn. Deshalb legte er sie wieder ab. Stattdessen griff er nach seinem Stock und seiner Schleuder. Dann sammelte er im Bach zwischen den Berghängen rund geschliffene Steine und füllte damit seine Hirtentasche.

Voller Verachtung blickte Goliat auf den jungen Israeliten, der ihm entgegentrat. „Bin ich vielleicht ein Hund, weil du mit einem Stock vor mir erscheinst?", brüllte er. „Ich werde dich den Vögeln des Himmels und den wilden Tieren zum Fraß vorwerfen."

David blieb ganz ruhig. „Du kommst mit einem Schwert und einem Speer zu mir. Ich aber komme im Namen Gottes zu dir", sagte er. „Jahwe, der Herr Israels, wird dich in meine Hand geben."

Alle sahen zu, während David einen Stein aus der Hirtentasche holte. Er legte ihn auf die Schleuder und schoss. Der Stein traf Goliat an der Stirn. Da stürzte der Riese mit dem Gesicht nach vorne zu Boden.

Als die Philister sahen, dass ihr stärkster Mann tot war, flohen sie voller Schrecken.

44 | David und Jonatan

1 Sam 18–20

Von diesem Tag an wollte König Saul, dass der Bezwinger des Riesen immer in seiner Nähe blieb. Auch sein Sohn Jonatan schloss Freundschaft mit David. Er schenkte ihm den Mantel, den er trug, seine Rüstung, sein Schwert, seinen Bogen und seinen Gürtel. Wie das eigene Leben, so liebte er ihn.

Saul aber stellte David an die Spitze der Krieger. Als sie nach einem weiteren Sieg über die Philister heimkehrten, zogen ihnen die Frauen aus allen Städten Israels entgegen. Sie schlugen ihre Handpauken, sie tanzten und sie sangen:

„Saul hat Tausend erschlagen, David aber Zehntausend."

Das Lied entfachte Sauls Zorn. Voller Neid sagte er: „Jetzt fehlt David nur noch die Königswürde." Als der Hirte aus Betlehem am nächsten Tag die Harfe für den König erklingen ließ, griff dieser nach seinem Speer. Zweimal schleuderte er ihn, rasend vor Wut, auf David; doch der konnte jedes Mal ausweichen.

Vergeblich versuchte Jonatan, den Vater versöhnlich zu stimmen. Saul willigte sogar ein, dass seine Tochter Michal mit David verheiratet wurde. Doch damit wollte er den Sieger über die Philister nur täuschen. In Wirklichkeit fürchtete er David immer mehr. Nachdem er seinen Speer ein drittes Mal und wieder vergeblich auf ihn geworfen hatte, öffnete Michal ihrem Mann während der Nacht ein Fenster des Palastes, sodass er entkommen konnte. An seiner Stelle legte sie eine Holzfigur in das Bett, zog ihr die Kleider von David an und flocht Ziegenhaar um ihren Kopf. Den Boten des Königs, die David abholen sollten, sagte Michal: „Seht doch, er ist krank", und schickte sie zurück. Auf diese Weise gewann ihr Mann kostbare Zeit für seine Flucht.

Auch Jonatan unterstützte den Freund und verriet ihm die bösen Absichten Sauls. Als sich die beiden voneinander trennten, küssten sie sich und weinten. Jonatan sagte zu David: „Geh in Frieden. Der Herr sei mit dir, wie er mit meinem Vater gewesen ist."

David fand Schutz bei Samuel. Später, nach vielen Kämpfen und nach dem Tod Sauls und seiner Söhne, auch Jonatans, riefen die Ältesten des Volkes David zum König aus. Er war es, der Jerusalem eroberte und zum Mittelpunkt seines Königreiches machte.

45 | Salomos Weisheit

1 Kön 3,16–28

Vierzig Jahre war David König von Israel. Als er spürte, dass das Ende nahte, befahl er den Priestern, seinen Sohn zum König zu salben. „Salomo soll kommen", sagte er, „und mein Nachfolger werden."

Bald danach erschien Jahwe dem neuen König im Traum. „Was wünschst du dir?", fragte er. Salomo erwiderte: „Mein Herr und Gott, ich bin noch sehr jung und weiß nicht, was von einem König verlangt wird. Schenke mir ein hörendes Herz, damit ich mein Volk gerecht behandeln und das Gute vom Bösen unterscheiden kann."

Diese Antwort gefiel Jahwe. „Du hättest mich auch um ein langes Leben oder um Reichtum und den Sieg über deine Feinde bitten können", sagte er. „Doch du hast um ein weises und verständiges Herz gebeten. Darum will ich deinen Wunsch erfüllen. Was du nicht gewünscht hast, das sollst du noch dazubekommen: Reichtum und Ansehen, sodass dir zu Lebzeiten kein anderer König gleicht."

Der König war auch der oberste Richter des Landes. Eines Tages erschienen zwei Frauen vor Salomo. Die erste Frau erzählte: „Herr, wir wohnen im gleichen Haus. Ich gebar einen Sohn. Drei Tage nach mir brachte auch diese Frau einen Sohn zur Welt, der aber noch in der gleichen Nacht starb, denn sie erdrückte ihn im Schlaf. Da nahm sie mir heimlich mein Kind weg und legte mir stattdessen ihren toten Jungen an die Seite. Als ich am Morgen aufstand, um mein Kind zu stillen, bemerkte ich den Betrug."

„Du lügst", wurde sie von der zweiten Frau unterbrochen. „Mein Kind lebt, deines ist tot."

Erbittert stritten sie vor dem König, bis Salomo zu seinen Dienern sagte: „Welche der Klägerinnen spricht die Wahrheit? Jede behauptet, der Junge gehöre ihr. Deshalb holt ein Schwert und schneidet das Kind in zwei Teile. Dann erhält jede Frau eine Hälfte."

„Herr, das darfst du nicht tun!", schrie da die erste Frau entsetzt. „Lass mein Kind am Leben. Gib es lieber der anderen." Diese aber rief: „Weder dir noch mir soll es gehören. Der König hat recht! Zerteilt es!"

Jetzt wusste Salomo, wem das Kind gehörte. „Nimm deinen Sohn und geh heim", wandte er sich an die erste Frau. „Denn du liebst ihn. Du bist die Mutter."

In ganz Israel wurde dieses Urteil bewundert. „Aus unserem König spricht die Weisheit Gottes", sagten alle.

Salomo war ein großer Herrscher, so wie es Jahwe versprochen hatte. In der Stadt seines Vaters, in Jerusalem, ließ er dem Herrn einen Tempel erbauen. Zu diesem Tempel pilgerten alle Israeliten.

46 | Die Psalmen

Das Buch der Psalmen ist eine Sammlung
von 150 Gebeten. Das deutsche Wort
„Psalm" kommt aus der griechischen
Sprache und bedeutet übersetzt „Lied, das
zum Saitenspiel gesungen wird".
Die Psalmen sind ein wesentlicher Teil
der hebräischen Dichtung. Sie lassen
sich unterteilen in Hymnen, Danklieder,
Klagelieder, Bittpsalmen, Wallfahrtslieder,
Königslieder und Weisheitslieder. Wer
genau sie geschrieben hat, ist nicht
bekannt. Viele stammen, so wird
überliefert, von König David.
Die Psalmen bringen die Erfahrung
Einzelner oder der Gemeinschaft vor Gott.
Das erklärt auch, warum die Psalmen bis
heute Juden und Christen als Vorlage und
Hilfe zum Beten dienen.
Noch heute werden viele Psalmen
gesungen. Bekannte Komponisten aller
Epochen haben versucht, sie zu vertonen.

Die hier ausgewählten Psalmen
sind teilweise gekürzt. Dennoch geben
sie eindrücklich das Anliegen des
Betenden wieder.

Psalm 8,4–10

Herr, unser Gott,
ich sehe den Himmel,
das wunderbare Werk
deiner Hände,
und ich sehe den Mond
und die Sterne,
die von dir dort oben
befestigt wurden.
So gewaltig bist du!
Was ist dagegen der Mensch?
Und trotzdem denkst du
an uns und an unsere Kinder …
Du gabst uns so viel
von deinem Glanz
und von deiner Herrlichkeit.
Sogar deine Schöpfung hast du
uns zu Füßen gelegt.
Wir herrschen über die Tiere
des Feldes und des Waldes,
über die Vögel im Himmel
und die Fische,
die durch das Meer ziehen.
Sie alle sind uns anvertraut.
Wie groß bist du,
Herr und Gott!
Überall auf der Erde
klingt dein Name wunderbar.

Psalm 18

O Herr!
Ich will dich rühmen.
Dir will ich danken.
Denn du bist
mein Fels in der Brandung
und meine starke Burg.
Du bist mein Retter,
mein Schild gegen alle Feinde
und meine Zuflucht.
Du befreist mich
aus Angst und Not.
Die Finsternis machst du hell.
Mit dir, o Gott,
springe ich über Mauern.
Mit dir bin ich
so leichtfüßig wie die Hirsche.
Mit dir gehe ich sicher
auf hohen, steilen Wegen.
Darum will ich dir danken.
Darum singe und spiele ich in
deinem Namen.

Psalm 19

Ein Tag sagt es dem anderen,
eine Nacht sagt es der anderen.
Unhörbar sind ihre Stimmen
und doch verkünden sie ihre
Botschaft in der ganzen Welt:
Gerecht urteilt der Herr!
Seine Gebote sind vollkommen
und gut – kostbarer als Gold
und süßer als der Honig
in den Bienenwaben.
Reichen Lohn erhält,
wer diese Gebote befolgt.
Ich will, o Herr,
dass dir gefällt,
was mein Mund sagt.
Gefallen soll dir auch,
was mein Herz denkt
und was ich fühle
tief in mir.

Psalm 23

Der Herr ist mein Hirte
und achtet darauf,
dass mir nichts fehlt.
Er lässt mich ausruhen
auf grünen Wiesen,
er führt mich
zu einem Platz am Wasser.
Selbst dann, wenn ich einmal
durch eine dunkle Schlucht gehe,
habe ich keine Angst.
Denn der Herr ist bei mir.
Sein Stab gibt mir Halt.
Ich bin zuversichtlich,
weil ich weiß:
Er deckt mir den Tisch
vor den Augen meiner Feinde
und er füllt mir den Becher
bis zum Rand.
In seinem Haus
darf ich wohnen.

Psalm 104

Herr, mein Gott, hoch über uns
ist dein Himmel ausgespannt
wie ein riesiges Zelt.
Du kommst auf den Flügeln
des Sturmes,
die Winde sind deine Boten,
selbst die lodernden Feuer
gehorchen dir.
So fest hast du die Welt gebaut,
dass sie durch nichts
erschüttert wird.
Einmal, am Anfang, war sie
bedeckt von der Urflut.
Vor deiner Stimme
aber wich das Wasser zurück.
Berge erhoben sich
und Täler senkten sich.
Zwischen ihnen begannen
Quellen zu sprudeln, Bäche
eilten dahin.
Herr, mein Gott,
du lässt das Gras wachsen
auf den Weiden,
du lässt das Korn und die Trauben gedeihen für die Menschen,
damit sie Brot und Wein haben.

In den Bäumen bauen
die Vögel ihre Nester,
aus den Zweigen
ertönt ihr Gesang.
Du sendest die Dunkelheit
und es wird Nacht.
Du schickst die Sonne
und es wird Tag.
Herr, wie zahlreich
sind deine Werke!
Voller Weisheit hast du
sie gemacht.
Alle Geschöpfe warten auf dich,
denn du gibst ihnen Nahrung
zur rechten Zeit.
Wenn du deine Hände öffnest,
werden wir satt.

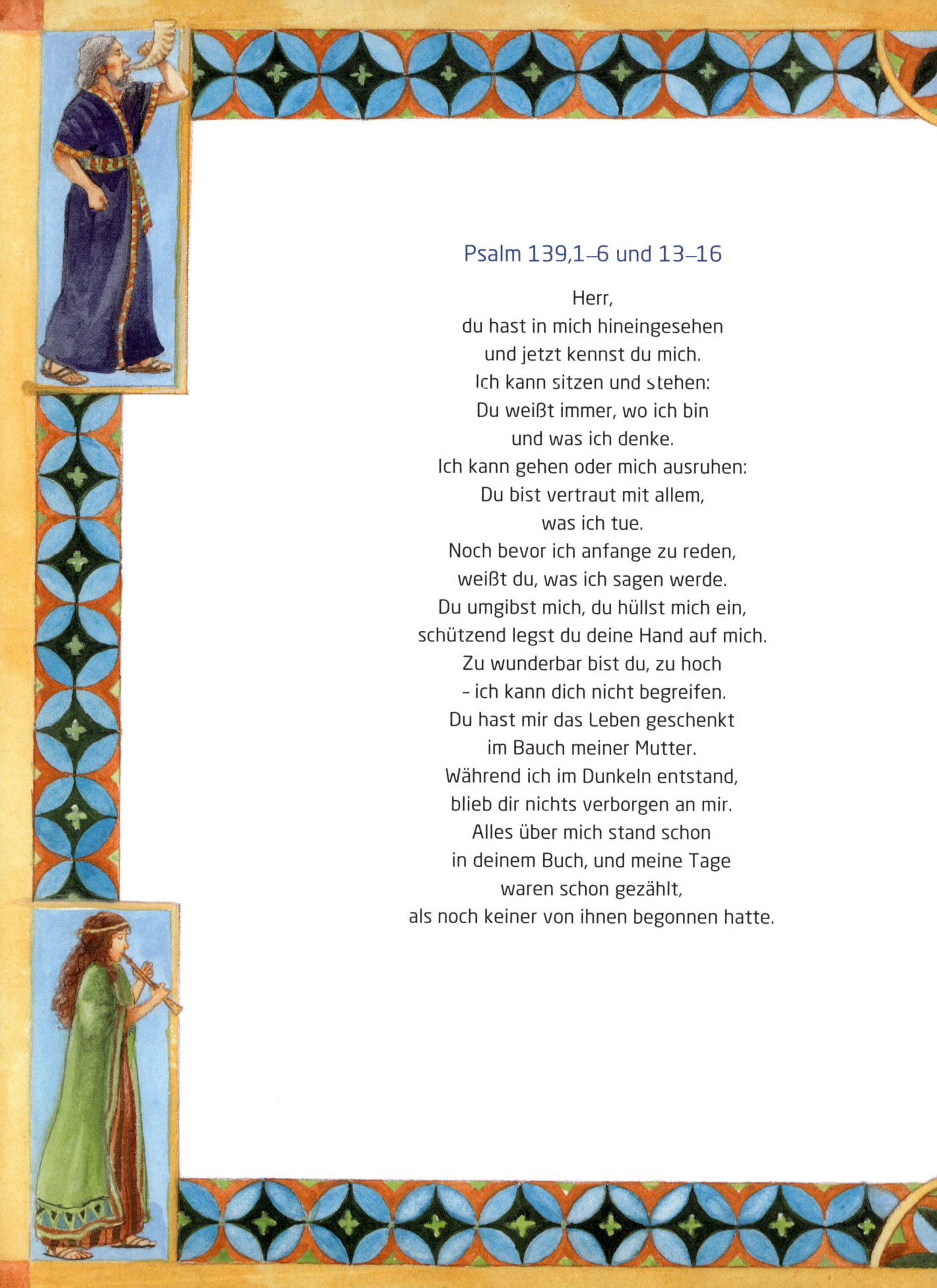

Psalm 139,1–6 und 13–16

Herr,
du hast in mich hineingesehen
und jetzt kennst du mich.
Ich kann sitzen und stehen:
Du weißt immer, wo ich bin
und was ich denke.
Ich kann gehen oder mich ausruhen:
Du bist vertraut mit allem,
was ich tue.
Noch bevor ich anfange zu reden,
weißt du, was ich sagen werde.
Du umgibst mich, du hüllst mich ein,
schützend legst du deine Hand auf mich.
Zu wunderbar bist du, zu hoch
– ich kann dich nicht begreifen.
Du hast mir das Leben geschenkt
im Bauch meiner Mutter.
Während ich im Dunkeln entstand,
blieb dir nichts verborgen an mir.
Alles über mich stand schon
in deinem Buch, und meine Tage
waren schon gezählt,
als noch keiner von ihnen begonnen hatte.

Psalm 148 und Psalm 150

Lobt den Herrn im Himmel,
ihr Engel, lobt ihn in der Höhe,
lobt ihn, Sonne und Mond
und alle leuchtenden Sterne.
Lobt den Herrn auch auf der Erde,
lobt ihn, ihr Ungeheuer
in den Meerestiefen.
Feuer und Hagel, Schnee und Nebel
sollen ihn loben und der Sturmwind,
der sein Bote ist.
Lobt ihn, ihr Berge und Hügel,
ihr fruchttragenden Bäume und Wälder,
lobt ihn, ihr wilden und zahmen Tiere,
alle Geschöpfe, die kriechen,
und alle, die fliegen.
Lobt ihn, ihr Könige auf der Erde,
ihr Fürsten und Richter,
alle Völker lobt ihn,
denn sein Name überstrahlt alles.
Halleluja! Lobt Gott
im Schall der Hörner,
mit Harfe und Zither,
mit Flöten und Pauken.
Tanzt für ihn. Alles, was atmet,
lobe den Herrn. Halleluja!

47 | Elija auf der Flucht

1 Kön 16,29–34; 17,1–24

Herrscher kamen und Herrscher gingen. Im Nordreich regierte inzwischen König Ahab. Sein Palast stand in Samaria. Ahab nahm Isebel zur Frau, eine Prinzessin aus Phönizien, dem Land am Meer.

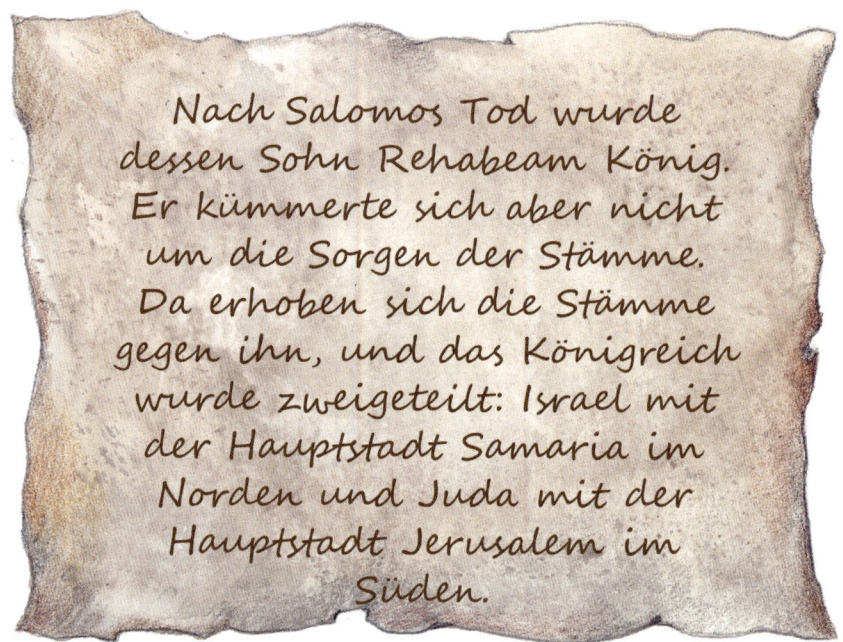

Nach Salomos Tod wurde dessen Sohn Rehabeam König. Er kümmerte sich aber nicht um die Sorgen der Stämme. Da erhoben sich die Stämme gegen ihn, und das Königreich wurde zweigeteilt: Israel mit der Hauptstadt Samaria im Norden und Juda mit der Hauptstadt Jerusalem im Süden.

Isebel verehrte die Götter ihrer Heimat, vor allem Baal. Dieser wurde bei den Phöniziern als Gott des Regens und der Fruchtbarkeit angebetet. Für Baal errichtete König Ahab sogar ein Heiligtum.

Voller Zorn stellte der Prophet Elija den Herrscher zur Rede: „Jahwe ist unser Herr und Gott", sagte er. „Trotzdem betest du fremde Götzen an. Deshalb soll weder Regen noch Tau auf dein Land fallen. Erst wenn ich es sage, wird die Trockenheit wieder enden."

Das waren mutige Worte. Elija musste um sein Leben fürchten, weil er den König herausgefordert hatte. „Geh fort", warnte ihn Gott. „Verbirg dich am Bach Kerit. Dort kannst du Wasser schöpfen, dort werden dich die Raben ernähren."

Elija gehorchte dem Herrn und suchte Zuflucht am Kerit. Jeden Morgen und jeden Abend brachten ihm die Raben Brot und Fleisch. Der Prophet blieb so lange in seinem Versteck, bis auch der Bach, der seinen Durst löschte, auszutrocknen begann. Noch immer war kein Regen auf das Land gefallen.

Da sprach der Herr zu Elija: „Brich noch einmal auf. In Sarepta triffst du eine Witwe. Sie wird für dich sorgen." Wieder gehorchte der Prophet. Am Stadttor von Sarepta begegnete er einer armen Frau im Witwenkleid, die Holz aufsammelte.

„Gib mir Wasser, denn ich habe Durst, und auch ein Stück Brot", bat er sie.

„Wie gerne würde ich deinen Wunsch erfüllen", antwortete die Witwe. „Aber ich habe nur noch eine Handvoll Mehl in der Schüssel und etwas Öl im Krug. Das reicht gerade für einen Brotfladen, der meinen Sohn und mich satt macht. Danach müssen wir hungern."

„Mach dir darüber keine Sorge", sagte Elija. „Geh heim und backe zuerst einen kleinen Fladen für mich. Denn so spricht der Herr: ‚Deine Mehlschüssel wird nicht mehr leer und das Öl in deinem Krug versiegt nicht mehr, bis der Regen wieder fällt.'"

Die Witwe hörte auf Elija. Von diesem Tag an hatte sie genügend zu essen im Haus. Sie nahm den Propheten bei sich auf und kochte auch für ihn.

Nach einiger Zeit erkrankte der Sohn der Witwe so schwer, dass er starb. Da jammerte und klagte sie, bis Elija das Kind aus ihren Armen nahm. Er trug es in sein Zimmer unter dem Dach des Hauses. Dort legte er es auf sein Bett.

„Mein Herr, mein Gott", flehte er. „Willst du wirklich, dass die arme Frau, die so gütig zu mir war, ihren einzigen Sohn verliert? Ich bitte dich, lass den Jungen doch wieder atmen!"

Daraufhin legte er sich dreimal über das Kind und betete. Als der Junge die Augen aufschlug, brachte Elija ihn zurück zu seiner Mutter.

„Siehe, dein Sohn lebt", sagte er. „Das hat Gott getan."

Voller Freude dankten sie dem Herrn.

48 | Elija fordert die Priester des Baal heraus

1 Kön 18,20–40

Die Trockenheit hielt jetzt schon drei Jahre an. Groß war die Not in Israel. Da sprach Gott zu Elija: „Geh zurück und zeige dich dem König. Denn ich will wieder Regen auf die Erde senden."

Als Elija vor Ahab trat, rief dieser zornig: „Bist du es wirklich? Du wagst es, zu mir zu kommen, obwohl du über das ganze Land Unglück gebracht hast!"

„Das war nicht ich", widersprach Elija. „Wer ist denn den fremden Göttern nachgelaufen? Von wem wurden die Gebote des Herrn missachtet? Ich fordere dich auf: Schicke Boten zu deinem Volk. Es soll sich auf dem Berg Karmel versammeln. Auch die Priester des Baal sollen kommen. Dann wird sich erweisen, wer der wahre Gott ist."

König Ahab tat, was der Prophet verlangt hatte. Auf dem Berg Karmel wandte sich Elija an die Israeliten: „Wenn Jahwe der wahre Gott ist, so folgt ihm. Ist es aber Baal, dann entscheidet euch für diesen. Wie lange schwankt ihr noch?" Verlegen schwieg das Volk. „Ich stehe allein vor euch", fuhr Elija fort. „Für Baal sind 450 Priester gekommen. Bringt uns zwei Stiere. Die Priester des Baal sollen einen Stier schlachten und sein Fleisch auf das Holz ihres Altares legen, aber noch kein Feuer anzünden. Das Gleiche werde ich mit dem anderen Stier tun. Danach sollen die Priester des Baal ihren Gott um Feuer bitten und ich bitte Jahwe darum. Der Gott, der das Feuer schickt, ist der wahre Gott."

Da stimmten alle zu, die gekommen waren.

Die Priester des Baal wählten daraufhin einen Stier aus. Sie schlachteten ihn und legten sein Fleisch auf den Altar. Dabei schrien sie: „Baal, erhöre uns!" Vom Morgen bis zum Mittag schrien sie. Doch es kam keine Antwort, und Baal sandte auch kein Feuer vom Himmel.

„Vielleicht ist euer Gott beschäftigt oder er ist verreist", spottete Elija. „Vielleicht schläft er auch nur und ihr müsst ihn erst wecken." Vergeblich schrien die Priester des Baal noch lauter als zuvor. Sie verletzten sich mit ihren

Schwertern und Lanzen, sodass das Blut an ihnen herunterfloss. Wie rasend hüpften und sprangen sie um ihren Altar herum. Doch nichts half.

Nun errichtete Elija seinen Altar aus zwölf Steinen, für jeden Stamm des Volkes Israel einen, und schichtete Holz darauf. Er zerteilte den geschlachteten Stier, dann legte er die Fleischstücke auf das Holz. Außerdem zog er einen Graben um den Altar und ließ dreimal Wasser über das Opfer schütten. Dabei rann das Wasser in den Graben und füllte ihn.

„Herr, du Gott Abrahams, Isaaks und Jakobs", flehte Elija. „Heute sollen alle erkennen, dass du der wahre Gott bist, und wieder an dich glauben."

Im gleichen Augenblick fiel ein Feuer vom Himmel. Die Flammen verbrannten das Opfer mit dem ganzen Altar. Sogar das Wasser im Graben verdunstete. Als die Israeliten sahen, was der Herr getan hatte, warfen sie sich auf die Erde und riefen: „Jahwe ist Gott! Jahwe ist Gott!"

Danach stieg Elija zum Gipfel des Karmel empor. Dort kauerte er sich nieder und legte seinen Kopf zwischen die Knie. „Ich höre das Rauschen des Regens", sagte er zu seinem Begleiter. „Schau auf das Meer hinaus. Was siehst du?" – „Ich sehe nichts", antwortete der Begleiter. „Schau noch einmal", bat Elija. Immer wieder bat er darum. Beim siebten Mal aber sagte der Begleiter: „Jetzt sehe ich in der Ferne eine Wolke. Sie ist so klein wie die Hand eines Menschen." – „Dann geh sofort zum König", drängte Elija, „und bitte ihn, die Pferde vor seinen Wagen zu spannen, sonst gerät er in ein Unwetter."

Bald darauf verfinsterte sich der ganze Himmel. Ein heftiger Sturm erhob sich. Ein gewaltiger Regen strömte auf die ausgedörrte Erde nieder.

49 | Elija begegnet Gott

1 Kön 19,1–13

König Ahab erzählte Isebel, was sich auf dem Karmel zugetragen hatte. Da wurde die Königin zornig. Sie schickte einen Boten zu dem Propheten und ließ ihm ausrichten: „Du hast meine Götter verspottet. Dafür werde ich mich an dir rächen."

Elija hatte große Angst. Er brach sofort auf und floh eine Tagesreise weit in die Wüste. Dort setzte er sich unter einen Ginsterbusch. So erschöpft und so traurig war er, dass er sich den Tod wünschte.

„Nun ist es genug, Herr. Ich kann nicht mehr", betete Elija. Dann legte er sich auf den Boden und schlief ein. Doch ein Engel weckte den Propheten: „Steh auf und iss." Als Elija den Kopf hob, sah er neben sich ein Brot, das in glühender Asche gebacken war, und einen Krug mit Wasser. Er aß und trank davon, dann schlief er wieder ein. Da berührte ihn der Engel ein zweites Mal: „Steh auf und iss. Noch liegt ein weiter Weg vor dir." Elija gehorchte dem Boten Gottes. Nachdem er sich gestärkt hatte, ging er tiefer in die Wüste hinein. Vierzig Tage und Nächte wanderte er, bis er den Gottesberg Horeb erreichte. Dort wollte er sich in einer Höhle niederlegen. Aber die Stimme Gottes fragte ihn: „Was suchst du hier?"

Verzweifelt antwortete der Prophet: „Herr, ich habe für dich gekämpft, weil mein Volk den Bund mit dir brach. Die Israeliten zerstörten deine Altäre, sogar deine Propheten töteten sie. Jetzt ist alles zu Ende. Denn die Königin will auch mich umbringen."

Und wieder sprach die Stimme: „Elija, komm heraus aus deiner Höhle. Du wirst dem Herrn begegnen."

Ein starker, heftiger Sturm erhob sich, der die Berge zerriss und die Felsen zerbrach. „Das ist bestimmt der Herr", dachte Elija. Doch der Herr war nicht im Sturm.

Jetzt zitterte und schwankte der Boden unter dem Propheten. „Das ist bestimmt der Herr", dachte Elija. Doch der Herr war nicht im Erdbeben.

Jetzt schoss ein Feuer empor und loderte wild. „Das ist bestimmt der Herr", dachte Elija. Doch der Herr war auch nicht im Feuer.

Nach dem Feuer wehte ein sanfter Wind, und es wurde ganz still. Sobald Elija diese Stille hörte, verhüllte er sein Gesicht und trat hinaus vor die Höhle.

„Geh zurück", sagte die Stimme Gottes in der Stille. „Geh deinen Weg zurück durch die Wüste. Ich bin bei dir."

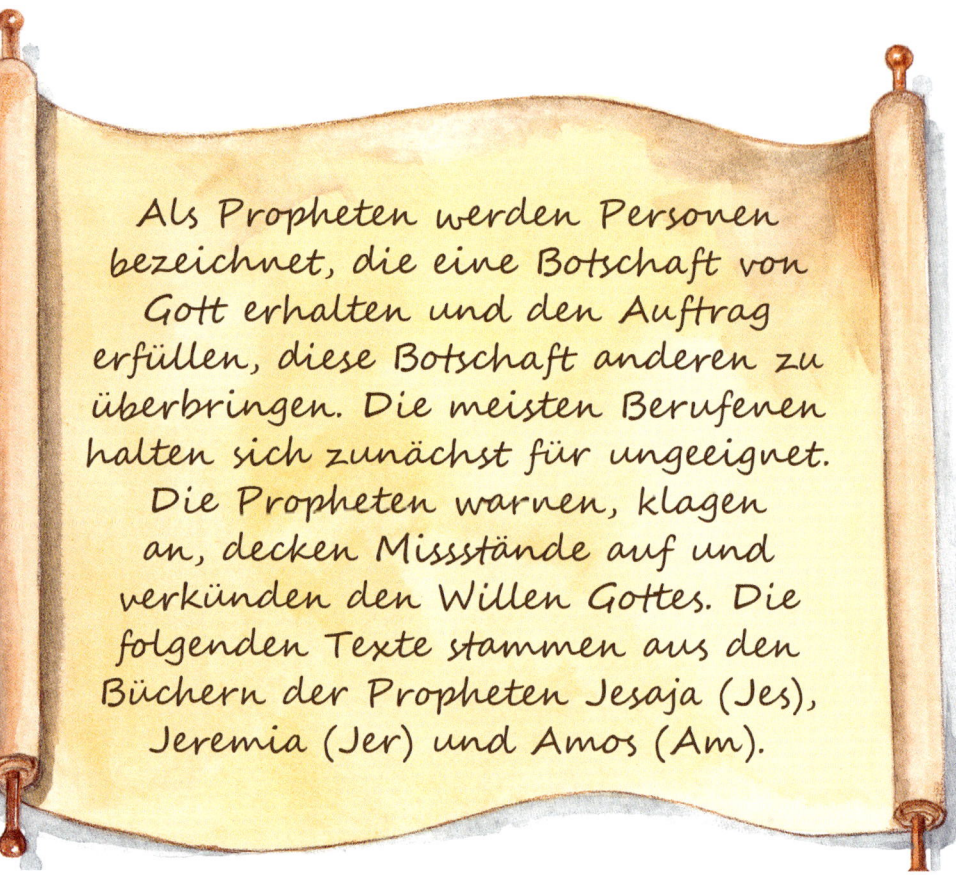

Als Propheten werden Personen bezeichnet, die eine Botschaft von Gott erhalten und den Auftrag erfüllen, diese Botschaft anderen zu überbringen. Die meisten Berufenen halten sich zunächst für ungeeignet. Die Propheten warnen, klagen an, decken Missstände auf und verkünden den Willen Gottes. Die folgenden Texte stammen aus den Büchern der Propheten Jesaja (Jes), Jeremia (Jer) und Amos (Am).

50 | Kehrt um!

Jes 1,16–17

Wascht euch, reinigt euch!
Hört auf mit eurem schlimmen Treiben!
Hört auf, vor meinen Augen Böses zu tun!
Lernt, Gutes zu tun!
Sorgt dafür, dass meine Gebote
befolgt werden und dass es gerecht
zugeht unter euch!

51 | Die Völker ziehen zum Herrn

Jes 2,2–4

Am Ende der Tage
wird es geschehen:
Dann überragt der Berg Gottes
alle anderen Berge.
Zu ihm strömen die Völker,
sie ziehen hinauf zum Herrn,
auf seinen Wegen gehen sie.
Denn jetzt spricht der Herr
Recht im Streit der Völker.
Die Menschen aber schmieden
Pflugscharen aus ihren Schwertern
und Messer für den Weinbau
aus ihren Lanzen.

52 | Wenn der Retter kommt

Jes 11,1–16

Aus dem Baumstumpf unseres Volkes,
aus seinen Wurzeln,
wächst ein Trieb hervor,
der Frucht bringt.

Gottes Geist lässt sich auf ihm nieder,
der Geist der Weisheit und der Einsicht,
der Geist des Rates und der Stärke,
der Geist der Erkenntnis und der Ehrfurcht.
Er richtet nicht nach dem äußeren Schein
und nicht nach dem Hörensagen.
Die Hilflosen behandelt er gerecht,
seine Urteile fällt er
für die Armen des Landes.
Wenn es so weit ist,
wohnt der Wolf beim Lamm,
der Panther liegt neben dem jungen Ziegenbock.
Kalb und Löwe weiden zusammen,
ein kleiner Junge kann sie hüten.
Sogar Kuh und Bärin freunden sich an.
Ungefährdet spielt der Säugling
vor dem Schlupfloch der Giftschlange
und streckt seine Hände in ihr Versteck.
Niemand tut etwas Böses,
keiner begeht ein Verbrechen.
Denn das Land ist erfüllt
von Gottes Geist,
so wie das Meer
voll ist mit Wasser.

53 | Fürchte dich nicht

Jes 43,1

So spricht der Herr,
der dich geschaffen hat:
Fürchte dich nicht,
denn ich habe dich befreit.
Ich habe dich bei deinem Namen gerufen,
du gehörst mir.
Wenn du durch das Wasser gehst,
bin ich bei dir.
Selbst Ströme
reißen dich nicht fort.
Wenn du durch das Feuer gehst,
wird es dich nicht verbrennen.
Denn ich bin der Herr, dein Gott,
der Retter Israels.

54 | Der Prophet des Herrn

Jes 49,2

Jahwe machte meinen Mund
zu einem scharfen Schwert.
Im Schatten seiner Hand
verbarg er mich.
Er machte mich zu einem spitzen Pfeil
und versteckte mich in seinem Köcher.

55 | Jerusalem klagt

Jes 49,14–17

Gott hat mich vergessen,
so klagt Jerusalem.
Aber kann eine Frau ihr Kind vergessen,
eine Mutter ihren eigenen Sohn?
Selbst wenn sie ihn vergessen würde,
ich vergesse dich nicht.
Sieh her: Ich habe dich
eingezeichnet in meine Hände.
Immer stehst du mir vor Augen.
Alle, die dich verwüstet und zerstört haben,
ziehen wieder fort und du wirst neu erbaut.

56 | Die Berufung

Jer 1,4—10

Der Herr sprach zu mir: „Ich habe dich auserwählt, noch ehe ich dich im Bauch deiner Mutter heranwachsen ließ. Ich habe dich gesegnet, noch ehe du geboren wurdest. Zum Propheten für die Völker habe ich dich bestimmt."

„Ach, mein Herr und Gott", erwiderte ich. „Du weißt doch, dass ich noch so jung bin. Ich traue mich nicht, vor den Menschen zu reden."

Da antwortete der Herr: „Sage nicht, ich bin noch so jung. Du sollst dahin gehen, wohin ich dich sende, und du sollst verkünden, was ich dir auftrage. Fürchte dich nicht vor den Menschen, denn ich bin bei dir und schütze dich."

Danach streckte der Herr seine Hand aus. Er berührte meinen Mund und sagte zu mir: „Hiermit lege ich meine Worte in deinen Mund. Mit diesen Worten sollst du Unheil oder Heil verkünden.

Du sollst mit ihnen vernichten und aufbauen,
ausreißen und einpflanzen."

57 | Gegen Ausbeutung

Am 8,4–7

Wer die Schwachen verfolgt und die Armen im Land unterdrückt, soll dieses Wort hören!

Ihr fragt euch: Wann endlich ist der Tag des Herrn vorbei, damit wir unsere Speicher öffnen und unser Korn verkaufen können? Dann nehmen wir das kleinste Maß, erhöhen gleichzeitig den Preis und wiegen auch noch falsch ab.

Ihr bestecht die Menschen, die auf euch angewiesen sind. Für ein paar Sandalen kauft ihr die Armen. Was übrig bleibt vom Getreide, sogar den Abfall, macht ihr zu Geld.

Der Herr aber hat geschworen: Keine dieser Taten werde ich je vergessen.

58 | Verheißung

Am 9,13–15

Seht, es kommen Tage, da bringt jede Aussaat reiche Ernte, und die Hügel und die Berge fließen über vom Wein.

Dann wende ich das Schicksal meines Volkes. Die Israeliten bauen ihre verwüsteten Städte wieder auf und wohnen darin. Sie legen Gärten an und essen die Früchte dieser Gärten.

Nie mehr werde ich mein Volk aus dem Land vertreiben, das ich ihm gegeben habe.

So spricht der Herr.

59 | Daniel in der Löwengrube

Dan 6,2–29

Darius, der König der Meder, führte ein riesiges Heer gegen Babylon. Niemand vermochte diesem Heer zu widerstehen. Das Reich des Darius wurde so groß, dass er es nicht mehr allein regieren konnte. Deshalb setzte er Verwalter ein. Zu ihnen gehörte auch Daniel. Er hatte jetzt noch mehr Einfluss als bei den Königen von Babylon. Das schürte den Neid der Höflinge. Sie wussten, dass er an den Gott Abrahams, Isaaks und Jakobs glaubte. Am Morgen, am Mittag und am Abend stieg Daniel hinauf in das Obergeschoss seines Hauses. Dort kniete er am offenen Fenster und betete. Das Fenster aber wählte er, weil es nach Jerusalem zeigte, wo der Tempel, das Haus Gottes, in Schutt und Asche lag.

Darius ertrug es nicht, wenn jemand ein größeres Ansehen hatte als er. Deshalb sagten die Höflinge zu ihm: „Erlass doch ein Gesetz. Wer im Land eine Bitte hat, darf sie nur noch an dich richten und nicht mehr an andere Menschen oder an Götter. Jeder, der dieses Gebot missachtet, wird den Löwen vorgeworfen." Der Vorschlag seiner Höflinge gefiel Darius. Überall im Reich ließ er das neue Gesetz verkünden. Dreißig Tage sollte es gelten.

Als Daniel davon hörte, erschrak er. Trotzdem kniete er weiterhin am offenen Fenster, um zu beten. Laut pries er den Gott seiner Väter und bat ihn um Hilfe. Da liefen die Neider Daniels zum König. „Hast du nicht ein Gesetz verkündet, das im ganzen Land gilt?", fragten sie ihn. „Dein oberster Verwalter kümmert sich nicht darum. Dreimal täglich wendet er sich an den Gott der Israeliten und trägt ihm seine Bitten vor."

Vergeblich dachte der König darüber nach, wie er Daniel retten könnte.

Doch die Gesetze des Herrschers galten für alle: Auch Darius musste sich daran halten. Deshalb ließ er seinen Verwalter holen. „Du dienst deinem Gott noch treuer als mir. Möge er dir helfen", sagte der König, bevor Daniel in die Grube zu den Löwen hinuntergestoßen wurde. Die Wachen wälzten einen großen Stein über die Öffnung, und Darius brachte sein Siegel an, sodass niemand den Stein unbemerkt wegschieben konnte.

In dieser Nacht fand er keinen Schlaf. Er aß nichts und er trank nichts. Sobald der Morgen dämmerte, eilte er zu der Löwengrube. „Daniel", rief er schon von Weitem, „hat dich dein Gott gerettet?"

Da hörte er eine Stimme aus der Tiefe. „O König, du sollst ewig leben", antwortete Daniel. „Mein Gott sandte einen Engel, der mich beschützte, denn ich bin ohne Schuld. Darum haben mir die Löwen nichts getan. Nicht einmal einen Kratzer fügten sie mir zu."

Voller Freude befahl der Herrscher seinen Wachen, den Stein fortzuwälzen. An einem Seil wurde Daniel hochgezogen. Der König aber schrieb an alle Völker in seinem Reich: „Der Gott von Daniel rettet und befreit. Er ist der lebendige Gott, seine Herrschaft hat kein Ende."

Nebukadnezar, der König von Babylon, hatte Jerusalem zerstört. Er nahm viele Gefangene mit, unter ihnen auch Daniel. Gemeinsam mit seinen Freunden wurde Daniel am königlichen Hof ausgebildet. Bald stieg er zum Ratgeber und Traumdeuter des Herrschers auf. Nach dem Tod von Nebukadnezar gelangte Belsazar auf den Thron. Aber es dauerte nicht lange, bis feindliche Soldaten die Grenzen seines Landes überschritten.

60 | Jona und der große Fisch

Jona 1–2

Gott sprach zu Jona, dem Propheten: „Steh auf! Geh nach Ninive, in die große Stadt. Dort sind die Menschen bös und gemein. Die Kunde von ihrer Schlechtigkeit ist bis zu mir in den Himmel gedrungen. Deshalb sollst du ihnen mein Strafgericht verkünden."

Jona brach unverzüglich auf. Aber er ging nicht nach Ninive, weil er den Spott der Einwohner fürchtete. Stattdessen floh er in die Hafenstadt Jafo und bestieg ein Schiff, das ihn nach Spanien bringen sollte: weit weg von Gott. Erleichtert zahlte er den Preis für die Überfahrt.

Doch als das Schiff die Segel setzte und hinaus auf das Meer fuhr, schickte der Herr einen gewaltigen Sturm, der das Wasser peitschte. Hoch stiegen die Wellen, immer höher, bis das Schiff auseinanderzubrechen drohte. Darum fürchteten sich die Seeleute. Jeder schrie um Hilfe zu seinem Gott. Sogar die Ladung warfen sie über Bord, damit ihr Schiff leichter wurde. Aber der Sturm nahm weiter zu an Gewalt.

Noch bevor das Unwetter begonnen hatte, war Jona in den Schiffsbauch hinabgestiegen. Dort lag er und schlief, obwohl um ihn herum ein wüster Lärm herrschte. Schließlich rüttelte ihn der Kapitän wach und sagte: „Alle beten. Bete auch du zu deinem Gott. Vielleicht kann er uns helfen." Doch der Sturm gab nicht nach. Im Gegenteil: Er fauchte und wütete noch heftiger. Ängstlich redeten die Seeleute miteinander: „Lasst uns das Los werfen. Dann erfahren wir, wer an unserem Unglück schuld ist."

Das Los aber fiel auf den Fremden im Schiffsbauch. „Woher kommst du? Wer bist du?", fragten sie ihn. „Ich bin ein Hebräer und glaube an Jahwe, den Gott des Himmels, der das Meer und das feste Land erschaffen hat", antwortete Jona.

Als die Männer hörten, dass Jona auf der Flucht vor seinem Gott war, fürchteten sie sich noch mehr. „Was sollen wir nur tun, damit sich das Meer beruhigt?", riefen sie.

„Durch meine Schuld ist dieser Sturm über euch gekommen", sagte Jona. „Wenn ihr mich in das Wasser werft, wird er sich wieder legen." Doch davon wollten die Männer nichts wissen. Verzweifelt ruderten sie und versuchten, an Land zu gelangen, trotzdem trieb der Sturm das Schiff immer weiter hinaus.

Schließlich schrien die Seeleute: „Herr, lass uns nicht untergehen, nur weil dieser Mann vor dir geflohen ist. Vergib uns, dass wir tun, was wir tun müssen." Dann ergriffen sie Jona und warfen ihn über Bord. Im gleichen Augenblick hörte das Meer auf zu toben. Der Herr aber schickte einen großen Fisch, der den Propheten verschlang. Drei Tage und drei Nächte saß Jona im Bauch des Fisches und betete:

„O Herr, in meiner Not
schrei ich zu dir.
Du hast mich
in die Tiefe geworfen,
in das Herz des Meeres.
Deine Wellen und Wogen
schlugen über mir zusammen.
Verstoßen hast du mich,
wie begraben bin ich.

Dennoch verkünde ich dein Lob.
Was ich versprochen habe,
das will ich erfüllen.
Denn die Rettung, o Herr,
kommt nur von dir."

So war es auch. Gott, der das Gebet
des Propheten hörte, befahl dem großen Fisch: „Schwimm an das Ufer und
spuck ihn wieder aus."
   In hohem Bogen warf er Jona
auf das trockene Land.

61 | Jona in Ninive

Jona 3–4

Noch einmal gab der Herr seinem Propheten den Auftrag: „Geh nach Ninive
und verkünde den Menschen, was ich dir sagen werde." Dieses Mal gehorchte
Jona. So groß war Ninive, dass man von einem Ende der Stadt bis zum anderen
drei Tage brauchte. Jona ging einen Tag in die Stadt hinein; dann rief er, wie
es ihm der Herr eingegeben hatte: „Noch vierzig Tage und Ninive geht unter.
So spricht Gott."
   Die Menschen der großen Stadt erschraken darüber. Sie glaubten dieser
Drohung und zogen ihre Bußgewänder an. Selbst der König erhob sich von
seinem prächtigen Thron. Angetan mit einem Sack, setzte er sich in einen
Aschenhaufen. So bereute er für alle sichtbar seine Sünden.

Überall in der Stadt mussten Ausrufer verkünden: „Niemand soll etwas essen, niemand soll etwas trinken. Sagt euch los vom Bösen und kehrt um!" Auf diese Weise hoffte der König, den Zorn des Herrn zu besänftigen.

Jahwe aber sah, dass die Menschen in Ninive beteten und fasteten. Da vergab er ihnen. Das Strafgericht, das sein Prophet angekündigt hatte, blieb aus.

Jona gefiel das überhaupt nicht. „Ach Herr!", sagte er. „Warum bist du so barmherzig? Warum machst du deine Drohungen nicht wahr? Vergeblich habe ich auf den Plätzen und in den Straßen von Ninive gerufen: ‚Die Stadt geht unter.' Ich wusste schon, warum ich deinen Auftrag nicht annehmen wollte. Jetzt lass mich in Ruhe. Lieber möchte ich sterben, als so weiterzuleben."

Jona verließ Ninive und wartete draußen vor der Stadt. Vielleicht würde Jahwe sein Urteil doch noch ändern? Geduldig setzte er sich nieder. Da ließ der Herr einen Rizinusstrauch über Jona emporwachsen, der ihm Schatten spendete.

Am nächsten Morgen schickte Gott einen Wurm. Er fraß die Wurzeln der Staude und diese vertrocknete vor den Augen des Propheten. Ein heißer Ostwind wehte. Die Sonne brannte so stark auf Jona hinunter, dass er fast ohnmächtig wurde. Voller Ärger wünschte er sich schon wieder den Tod.

Gott aber fragte ihn: „Warum tut es dir leid um den Strauch, den du nicht großgezogen hast? Über Nacht war er da, über Nacht ist er eingegangen. Mir jedoch sollte es nicht leid tun um eine Stadt, in der so viele Menschen leben, mehr als hundertzwanzigtausend, und außerdem so viele Tiere?"

Neues Testament

62 | Eine gute Nachricht

Lk 1,26–38

Es geschah vor mehr als zweitausend Jahren. Damals sandte Gott seinen Engel Gabriel in das Dorf Nazaret. Dort lebte Maria, eine junge Frau. Sie war mit einem Zimmermann verlobt, der Josef hieß und zu den Nachkommen König Davids gehörte.

Der Bote des Herrn erschien Maria. „Sei gegrüßt", sagte er. „Gott ist mit dir. Er hat dich auserwählt."

Die junge Frau erschrak über diese Worte. Warum war sie auserwählt worden?

„Fürchte dich nicht", fuhr der Engel fort. „Du wirst einen Sohn zur Welt bringen. Er soll den Namen Jesus tragen und er wird mächtiger sein als König David. Denn seine Herrschaft geht nie zu Ende."

„Ich bin ja erst verlobt und lebe noch nicht mit einem Mann zusammen. Wie kann ich da ein Kind bekommen?", fragte Maria.

„Das geschieht durch den Heiligen Geist", antwortete der Engel. „Die Kraft des Höchsten wirkt in dir. Darum wird dein Kind Sohn Gottes genannt. Auch Elisabet, deine Verwandte, erwartet in ihrem hohen Alter einen Sohn. Alle haben geglaubt, dass sie kinderlos bleibt. Aber für Gott ist nichts unmöglich."

Da sah Maria den Engel an. „Was der Herr will, das geschehe mit mir", sagte sie.

63 | Maria besucht Elisabet

Lk 1,39–56

Einige Tage später brach Maria auf, denn sie wollte Elisabet besuchen. Diese war mit Zacharias, einem Priester, verheiratet. Die beiden wohnten im Bergland von Judäa. Maria kannte den Weg. Sie trat in das Haus und grüßte ihre Verwandte.

Im gleichen Augenblick spürte Elisabet das Kind in ihrem Bauch. Es bewegte sich, es hüpfte vor Freude. Aber Elisabet spürte noch mehr, und der Geist Gottes gab ihr die Worte dafür ein. „Unter allen Frauen bist du besonders gesegnet, Maria!", rief sie. „Gesegnet ist auch das Kind in deinem Leib. Wie wunderbar und überraschend, dass die Mutter des Höchsten zu mir kommt." Daraufhin sagte Maria:

„Meine Seele preist den Herrn und freut sich.
Er hat eine einfache Frau ausgewählt.
Von nun an rühmen mich alle.
Denn Großes tut Gott an mir.
Sein Name ist heilig.

Erbarmen schenkt er den Menschen,
die zu ihm aufblicken und ihn verehren.
Die Hochmütigen zerstreut er
in alle Himmelsrichtungen.
Die Mächtigen stürzt er vom Thron.
Der Herr macht die Hungernden satt
und lässt die Reichen leer ausgehen.
Er kümmert sich um sein Volk.
Gott vergisst nicht, was er Abraham
und den Nachkommen Abrahams
versprochen hat."

Maria blieb so lange bei Elisabet, bis diese ihr Kind bekam.
Dann kehrte sie heim nach Nazaret.

64 | Jesus wird geboren

Lk 2,1–20

Zu jener Zeit regierte Kaiser Augustus im fernen Rom. Der Herrscher wollte wissen, wie viele Untertanen er hatte. Deshalb mussten sich alle Bewohner seines Reiches in Listen eintragen lassen. Auch Josef aus Nazaret folgte dem Befehl des Kaisers und zog hinauf nach Betlehem. Denn jeder wurde in dem Ort erfasst, aus dem er stammte.

Josef war nicht allein. Seine Verlobte Maria begleitete ihn. Als das Paar nach Betlehem kam, setzten bei Maria die Wehen ein. Doch es gab nirgends einen Platz für sie, weder in einer Herberge noch in einem Haus. So blieb ihnen nur ein Stall für die Nacht. Dort gebar sie einen Sohn. Maria wickelte ihr Kind in Windeln und legte es in die Futterkrippe.

Draußen auf dem Feld lagerten Hirten. Sie hielten Wache bei ihrer Herde. Da erschien ihnen der Engel des Herrn. Sein Glanz blendete sie. Ein großer Schrecken befiel die Hirten.

„Fürchtet euch nicht", sagte der Engel zu ihnen. „Ich verkünde euch eine frohe Botschaft. Denn heute wurde in der Stadt Davids der Retter geboren. Er ist der Erlöser, auf den alle Menschen warten. Und daran erkennt ihr ihn: Ihr werdet ein kleines Kind finden, das in Windeln gewickelt ist und in einer Krippe liegt."

Plötzlich war der Engel des Herrn von unendlich vielen Engeln umgeben. Feierlich sangen sie:

„Ehre sei Gott in der Höhe
und Frieden den Menschen
auf der Erde."

Danach wurde es still, denn die Engel kehrten zurück in den Himmel. Die Hirten aber hielt es nicht mehr bei ihrer Herde. Eilig begaben sie sich nach Betlehem zum Stall. Dort fanden sie Maria und Josef und das Kind, das in der Krippe lag. Da erzählten sie, was ihnen draußen auf dem Feld verkündet worden war, und alle staunten.

Auch Maria staunte. Sie bewahrte die Worte der Hirten in ihrem Herzen und dachte darüber nach.

65 | Die Sterndeuter aus dem Morgenland

Mt 2,1–12

In der Nacht, als Jesus geboren wurde, sahen weise Männer einen Stern, der am Himmel aufging. Das war weit im Osten, im Morgenland. Die weisen Männer folgten dem Stern und kamen nach Jerusalem. „Wo ist euer neugeborener König?", fragten sie alle Menschen, die ihnen begegneten. „Wir haben gesehen, wie sein Stern aufging, und wollen ihm huldigen."

Damals herrschte König Herodes über Judäa. Als er von den Sterndeutern hörte, erschrak er und rief seine Gelehrten zusammen. „Was sagen die Schriften über den Ort, an dem der Messias geboren werden soll?", erkundigte er sich. Sie antworteten: „Beim Propheten

Micha steht, dass aus Betlehem ein König kommt. Wie ein Hirte wird er das Volk führen und beschützen."

Was Herodes wissen wollte, hatte er erfahren. Rasch ließ er die Sterndeuter holen. „Geht nach Betlehem", sagte er listig, „und sucht den neugeborenen König. Wenn ihr ihn gefunden habt, dann erzählt mir alles. Denn auch ich möchte ihm huldigen." Mit diesen Worten entließ er sie.

Die Weisen aus dem Morgenland folgten seinem Rat und zogen nach Betlehem. Der Stern aber zog vor ihnen her bis zu dem Ort, wo das Kind war. Dort blieb er stehen. Da erfüllte sie eine große Freude. Sie fielen vor dem Kind auf die Knie und verehrten es. Dann breiteten sie die Schätze aus, die sie mitgebracht hatten: Gold, Weihrauch und Myrrhe. Nur ein König erhielt solche Geschenke.

In der darauffolgenden Nacht hatten die Sterndeuter einen Traum. Jemand sagte zu ihnen: „Geht nicht zurück nach Jerusalem." Sie gehorchten dieser Stimme und wählten einen anderen Weg, der sie heim in das Morgenland führte.

66 | Die Flucht nach Ägypten

Mt 2,13–23

Josef wälzte sich im Schlaf unruhig hin und her. Er träumte, und in diesem Traum stand plötzlich ein Engel an seinem Lager.

„Steh auf", sagte der Bote Gottes. „Nimm das Kind und seine Mutter und flieh mit ihnen nach Ägypten. Dort sollt ihr so lange bleiben, bis ich dir wieder erscheine. Denn Herodes wird nach dem Kind suchen. Er will es töten."

Voller Angst erwachte Josef. Noch in der gleichen Nacht packte er alles zusammen. Dann verließ er mit seiner Familie Betlehem. Ein weiter, mühseliger Weg lag vor ihnen.

Als Herodes erfuhr, dass ihn die Sterndeuter durchschaut hatten, geriet er außer sich vor Zorn. Er fürchtete um seinen Thron. Deshalb schickte er Soldaten nach Betlehem und in die Umgebung der Davidstadt. Sie mussten alle neugeborenen Jungen töten. Viele Mütter und Väter weinten um ihre kleinen Söhne.

Josef aber führte seine Familie sicher nach Ägypten. Immer wieder musste er an das Versprechen des Engels denken. Auch Maria dachte daran. So fiel ihnen das Leben in der Fremde leichter. Eines Nachts erschien der Engel zum zweiten Mal. Wieder erblickte ihn Josef im Traum und hörte seine Stimme. Dieses Mal sagte der Bote Gottes: „Nimm das Kind und seine Mutter und kehr heim mit ihnen. Denn Herodes ist tot."

Da erwachte Josef voller Freude. Er stand auf und weckte seine Familie. Sie zogen heim nach Galiläa. Dort ließen sie sich in Nazaret nieder.

67 | Jesus wird von seinen Eltern gesucht

Lk 2,41–52

Jedes Jahr gingen die Eltern von Jesus nach Jerusalem, um das Paschafest zu feiern, das an die Befreiung der Israeliten aus der Unterdrückung in Ägypten erinnerte. Jesus war zwölf Jahre alt, als Maria und Josef mit ihm zum Tempel pilgerten. Nach dem Fest begaben sie sich auf den Heimweg. Jesus aber blieb in Jerusalem. Seine Eltern dachten, er sei irgendwo in der großen Reisegruppe, bei Verwandten oder Nachbarn. Darum vermissten sie ihn nicht.

Erst am Abend fragten sie nach ihrem Sohn und fanden ihn nirgends. Eilig kehrten sie um. Drei Tage suchten sie nach Jesus, dann entdeckten sie ihn. Zu ihrer Überraschung saß er im Tempel mitten unter den Gelehrten. Er hörte den weisen Männern zu, stellte Fragen und gab Antworten, die alle in Erstaunen versetzten.

Maria machte ihm Vorwürfe. „Kind, wie konntest du uns das antun?", rief sie. „Überall in Jerusalem haben wir dich gesucht! Wir waren voller Angst!"

Da antwortete Jesus: „Wusstet ihr denn nicht, dass ich im Hause meines himmlischen Vaters bin? Hier ist doch mein Platz!"

Was hatte er damit gemeint? Verwundert sahen ihn seine Eltern an.

Dann kehrten sie gemeinsam heim nach Nazaret. Dort wuchs Jesus heran. Seine Weisheit nahm zu und er gefiel Gott und den Menschen.

68 | Die Taufe im Jordan

Mt 3,1–17; Mk 1,4–11; Lk 3,1–20

Der Sohn von Elisabet und Zacharias hieß Johannes. Er wurde ein Prediger und wanderte durch das Land. „Bald erscheint der Herr", verkündete er den Menschen. „Deshalb kehrt um. Lasst euch taufen und fangt neu an."

„Wie sollen wir das tun?", fragten ihn seine Zuhörer, und er antwortete: „Wer zwei Hemden hat, gebe dem ein Hemd, der keines hat, und wer etwas zum Essen hat, teile sein Essen mit dem, der hungrig ist."

Johannes trug ein Gewand aus Kamelhaaren und einen ledernen Gürtel. Er ernährte sich von Heuschrecken und dem Honig wilder Bienen. Aus Jerusalem und aus ganz Judäa strömten die Menschen zu ihm an den Jordan. Bereitwillig ließen sie sich von Johannes taufen. Sie bekannten ihre Sünden und baten Gott um Vergebung. Dann tauchte er sie in das Wasser des Flusses. Damit wollte er ihnen zeigen: Eure Sünden sind abgewaschen. Ihr seid jetzt Kinder Gottes. Vertraut dem Herrn. Für euch beginnt ein neues Leben.

War Johannes vielleicht sogar der Messias?

„Nein", sagte er. „Ich taufe nur mit Wasser. Aber nach mir kommt einer,

der mit dem Heiligen Geist tauft. Ich bin es nicht einmal wert, ihm die Riemen an den Sandalen zu binden."

In jenen Tagen schloss sich auch Jesus den Menschen an, die den Prediger hören wollten. Zusammen mit ihnen stieg er in den Fluss und wurde von Johannes getauft. Während er betete, öffnete sich der Himmel über ihm. Wie eine Taube kam der Heilige Geist auf Jesus herab und eine Stimme sprach: „Du bist mein geliebter Sohn. An dir habe ich meine Freude."

Johannes befolgte einen jüdischen Brauch, als er Menschen taufte. Für das jüdische Volk waren rituelle Reinigungen wichtig. Aber Johannes gab der Taufe einen neuen Sinn: Er taufte die Menschen, um sie von allem Bösen zu befreien und auf das Kommen Gottes vorzubereiten.
Durch die Taufe werden heute auf der ganzen Welt Menschen in die Gemeinschaft der Christen und damit in die Gemeinschaft mit Christus aufgenommen.

69 | Die Versuchung

Mt 4,1–11; Lk 4,1–13

Nach der Taufe verließ Jesus die Gegend am Jordan. Er wanderte tief in die Wüste hinein. Vierzig Tage lebte er bei den wilden Tieren. Die ganze Zeit fastete Jesus. Sein Hunger wurde immer größer. Eines Tages hörte er die Stimme des Versuchers.

„Wenn du der Sohn Gottes bist, dann befiehl doch den Steinen, dass sie sich in Brot verwandeln", lockte diese Stimme. Aber Jesus schüttelte den Kopf. „Der Mensch lebt nicht vom Brot allein. So steht es in den heiligen Schriften", antwortete er.

Danach führte ihn der Böse auf einen hohen Berg. Dort zeigte er Jesus die Reiche der Welt. „Wenn du vor mir niederkniest und mich anbetest, sollen dir diese Reiche gehören. Dann bist du der Herr über alle Länder und alle Völker", versprach er. Erneut wies ihn Jesus zurück und sagte: „In den heiligen Schriften steht: Du sollst nur Gott anbeten."

Noch einmal wollte der Böse Jesus verführen. Er nahm ihn mit nach Jerusalem auf die Zinnen des Tempels. „Wenn du Gottes Sohn bist, dann stürze dich hinab", rief er ihm zu. „In den heiligen Schriften steht, dass dich die Engel beschützen und mit ihren Händen auffangen."

„Es steht aber auch geschrieben: Du sollst den Herrn, deinen Gott, nicht auf die Probe stellen", entgegnete Jesus. Da ließ der Versucher von ihm ab.

70 Jesus wird in seiner Heimat abgelehnt

Lk 4,16–30

Jesus kam nach Nazaret in seine Heimatstadt, wo er am heiligen Sabbat mit den anderen Dorfbewohnern in die Synagoge ging. Der Rabbi bat ihn, aus dem Buch des Propheten Jesaja vorzulesen. Das ist der Abschnitt, den Jesus aus der Schriftrolle vorlas:

„Der Geist des Herrn ruht auf mir, weil er mich gesalbt hat. Er hat mich gesandt, den Armen die frohe Botschaft zu bringen, den Gefangenen ihre Befreiung zu verkünden und den Blinden das Augenlicht zurückzugeben. Ich soll ausrufen das Gnadenjahr des Herrn."

Er wickelte die Schriftrolle wieder auf und setzte sich. Niemand sagte etwas. Die Augen aller waren auf Jesus gerichtet.

„Heute haben sich die Worte Jesajas in unserem kleinen Dorf erfüllt, denn ich bin derjenige, von dem Jesaja gesprochen hat."

Die Menge wunderte sich: „Ist das nicht der Sohn des Zimmermanns Josef? Wie kann er so reden?"

Da fuhr Jesus fort: „Kein Prophet wird in seiner Heimatstadt anerkannt. Hier werde ich nichts bewirken können, denn euer Herz ist verschlossen. Ihr lasst es nicht zu, dass ich euch helfe, deshalb muss ich woandershin gehen."

Als die Männer in der Synagoge das hörten, wurden sie sehr zornig. Großer Tumult kam auf. Sie jagten Jesus aus der Synagoge bis hin zum Hang des Berges, auf dem die Stadt erbaut war, und wollten ihn hinabstürzen.

Jesus aber schritt durch die Menge hindurch und ging weg.

71 | Jesus beruft seine ersten Jünger

Mt 4,18–22; Mk 1,16–20

Jesus wusste, dass er für die Verbreitung seiner Botschaft Helfer brauchte. Als er am Ufer des Sees Gennesaret entlangging, sah er Simon und dessen Bruder Andreas. Die beiden waren Fischer, sie warfen gerade ihre Netze aus. „Kommt mit mir", sagte Jesus zu ihnen. „Ich werde aus euch Menschenfischer machen." Da ließen sie die Netze liegen und folgten ihm.

Nachdem Jesus ein Stück weitergegangen war, begegnete er den Brüdern
Jakobus und Johannes. Auch sie gehörten zu den Fischern am See und rich-
teten ihre Netze für die Ausfahrt her. Jesus rief die Brüder beim Namen.
Er lud sie ein, mit ihm zu gehen. Da zögerten Jakobus und Johannes keinen
Augenblick. Sie stiegen aus dem Boot ihres Vaters und schlossen sich dem
Mann an, der sie gerufen hatte.

72 | Berufung des Levi

Mk 2,13–17

> Die Zöllner arbeiteten für die römische Verwaltung, also für die Eroberer aus der Fremde. Deshalb wurden sie verachtet – aber auch, weil sie an den von ihnen erhobenen Zöllen kräftig mitverdienten.

Immer mehr Menschen wollten Jesus hören. In Scharen strömten sie zu ihm an den See. Als er bei einer Zollstelle vorbeikam, traf er den Zöllner Levi. „Komm mit mir", sagte er auch zu ihm, und Levi stand auf. Er verließ seinen Platz und folgte Jesus.

Später am Tag lud er Jesus und alle, die mit ihm gingen, in sein Haus ein. Dort setzten sie sich zum Essen nieder. Auch viele Zöllner leisteten ihnen Gesellschaft, außerdem Menschen, denen die religiösen Gesetze gleichgültig waren. Sie galten als Sünder. Die Schriftgelehrten, die besonders streng auf die Einhaltung der Gebote achteten, ärgerten sich. „Wie kann Jesus gemeinsam mit diesen Zöllnern und Sündern essen?", wandten sie sich voller Entrüstung an seine Begleiter.

Jesus hatte alles mitgehört. „Wer gesund ist, braucht keinen Arzt", sagte er zu den Schriftgelehrten. „Ich will den Sündern helfen, damit sie umkehren. Für sie bin ich gekommen und nicht für die Gerechten."

73 | Die Wahl der zwölf Apostel

Mt 10,1–4; Mk 3,13–19; Lk 6,12–16

In jenen Tagen stieg Jesus auf einen Berg, um in der Einsamkeit zu beten. Die ganze Nacht verbrachte er dort. Als es hell wurde, rief er seine Jünger zu sich und wählte unter ihnen zwölf aus. Diese sollten ihn fortan begleiten und seine Botschaft weitertragen. Jesus war ihr Lehrer und Meister. Seine Schüler nannte er Apostel, das heißt Sendboten. Für sie hatte Jesus eine besondere Aufgabe.

Und so hießen die Apostel: Simon, den er Petrus rief, Andreas, Jakobus, Johannes, Philippus, Bartholomäus, Matthäus, Thomas, noch einmal Jakobus, Thaddäus, Simon aus Kanaan und schließlich Judas Iskariot.

Er wird später Jesus verraten.

74 | Die Bergpredigt

Mt 5,1–12; Lk 6,20–26

Einmal war der Andrang der Menschen, die Jesus folgten, besonders groß. Da stieg er auf einen Berg, damit sie ihn besser hören konnten. Dort setzte er sich im Kreis der Schüler und begann zu sprechen. Wer dabei war, vergaß seine Worte nicht mehr. Jesus sagte:

„Selig werden alle sein, die arm und hilflos zu Gott kommen,
denn ihnen gehört das Himmelreich.
Selig werden alle sein, die jetzt trauern,
denn Gott tröstet sie.
Selig werden alle sein, die sanft sind und keine Gewalt anwenden,
denn Gott übergibt ihnen die Erde.
Selig werden alle sein,
die nach der Gerechtigkeit hungern und dürsten,
denn Gott stillt ihr Verlangen.
Selig werden alle sein,
die barmherzig sind gegenüber anderen Menschen,
denn Gott ist auch barmherzig zu ihnen.
Selig werden alle sein, die ein reines Herz haben,
denn sie dürfen Gott schauen.
Selig werden alle sein, die Frieden stiften,
denn sie sind die wahren Kinder Gottes.
Selig werden alle sein, die unschuldig verfolgt werden,
denn auf sie wartet das Himmelreich.
Selig seid ihr, wenn euch die Menschen beschimpfen, verfolgen und verleumden, weil ihr zu meinen Jüngern gehört. Freut euch und jubelt, denn groß wird euer Lohn im Himmel sein."

75 | Vom Beten

Mt 6,5–15; Lk 11,1–4; 11,9

Die Jünger von Jesus sahen, wie ihr Lehrer betete. Sie warteten, bis er sein Gebet beendet hatte. Danach sagte einer der Jünger zu ihm: „Herr, lehre uns zu beten." Da antwortete Jesus: „Betet nicht wie die Heuchler, die so tun, als würden sie beten. In Wirklichkeit achten sie nur darauf, dass sie beim Beten gesehen werden. Wenn ihr betet, dann zieht euch zurück in die Stille. Der Vater im Himmel, der selbst verborgen ist vor euch, sieht und hört auch das Verborgene. Seid nicht geschwätzig beim Beten, spart euch die überflüssigen Worte. Denn Gott weiß, was ihr braucht, noch ehe ihr ihn darum bittet. So sollt ihr beten:

Vater unser im Himmel!
Geheiligt werde dein Name.
Dein Reich komme.
Dein Wille geschehe,
wie im Himmel, so auf Erden.
Unser tägliches Brot gib uns heute.
Und vergib uns unsere Schuld,
wie auch wir vergeben unseren Schuldigern.
Und führe uns nicht in Versuchung,
sondern erlöse uns von dem Bösen.

Ich sage euch: Bittet, dann wird euch gegeben! Sucht, dann werdet ihr finden! Klopft an, dann wird euch geöffnet!"

76 | Jesus verstößt gegen das Gesetz

Mt 12,1–8; 12,9–14; Mk 2,23–28; 3,1–6; Lk 6,1–5; 6,6–11

Einmal war Jesus mit seinen Jüngern an einem Sabbat unterwegs. Sie gingen durch Kornfelder. Weil die Jünger Hunger hatten, pflückten sie die reifen Ähren und aßen sie. Die Schriftgelehrten, die besonders streng auf die Einhaltung des Sabbatgebotes achteten, beschwerten sich deshalb bei Jesus. „Sieh doch, was deine Jünger tun!", riefen sie. „Am Sabbat darf keiner ernten."

„Du sollst den Sabbat achten und ihn heiligen", so hatte Jahwe auf dem Gottesberg zu seinem Volk gesprochen. Seitdem begingen die Israeliten den siebten Tag der Woche als einen Tag der Ruhe und des Gebetes. An diesem Tag durfte nicht gearbeitet und nicht einmal die kleinste Tätigkeit ausgeführt werden.

„Ich kann meine Jünger verstehen. Sie haben heute noch nichts gegessen", antwortete Jesus. „Der Sabbat ist für den Menschen da und nicht der Mensch für den Sabbat."

Über diese Antwort ärgerten sich die Schriftgelehrten.

Ein anderes Mal ging Jesus am Sabbat in eine Synagoge, so heißt der Gebetsraum der jüdischen Gemeinden. Unter den Gläubigen saß ein Mann, der eine gelähmte Hand hatte. Als Jesus den Mann sah, wandte er sich an die Schriftgelehrten und fragte sie: „Darf man am Sabbat Gutes tun?"

Statt zu antworten, schwiegen sie. Da schaute er sie voller Zorn und Trauer an. Dann sagte er zu dem Mann: „Streck deine Hand aus", und der Mann gehorchte ihm. Im gleichen Augenblick konnte er die Hand wieder bewegen.

Darüber staunten viele, die anwesend waren. Die Schriftgelehrten aber verließen verärgert die Synagoge. „Dieser Jesus verstößt gegen das Gesetz. Er missachtet es. Wir müssen etwas gegen ihn unternehmen", ereiferten sie sich.

77 | Jesus und das Volk

Mt 4,23–25; Mk 3,7–10.20; Lk 6,17–19; 8,1–3

Immer mehr Menschen wollten Jesus sehen und hören. Sie kamen aus Galiläa und Judäa, sogar aus dem Gebiet jenseits des Jordan und aus Syrien. „Jesus macht die Kranken gesund, er lässt sie wieder heil werden", sagten die Leute zueinander.

Wer dabei gewesen war, erzählte von dem Mann in der Synagoge. Andere berichteten, wie Jesus voller Mitleid einen Aussätzigen berührt hatte, der daraufhin wieder rein wurde.

In Scharen folgten die Menschen dem Mann aus Nazaret. Sie versuchten, ihm so nahe wie möglich zu kommen. Als er einmal am See Gennesaret predigte, musste er in ein Boot steigen, sonst wäre er von der Menge erdrückt worden. Ein anderes Mal wurde er mit seinen Begleitern in ein Haus eingeladen. Vor lauter Menschen fanden sie dort keinen Platz, wo sie sich zum Essen niedersetzen konnten.

Jesus wanderte von Dorf zu Dorf, von Stadt zu Stadt. Überall verkündete er die Botschaft vom Reich Gottes. Dabei begleiteten ihn viele Frauen, zu denen auch Maria Magdalena gehörte. Diese Frauen unterstützten Jesus und die Jünger mit allem, was sie besaßen.

78 | Von der Liebe zu den Feinden

Mt 5,39–45; 7,12; Lk 6,27–37

Viele Menschen hatten sich um Jesus versammelt und wollten ihn hören. Da sagte er zu ihnen: „Liebt eure Feinde! Tut denen Gutes, die euch hassen. Segnet die, die euch verfluchen, und betet für die, die euch ein Leid zufügen. Wenn dich jemand auf eine Wange schlägt, dann halte ihm auch die andere Wange hin. Wenn dir jemand den Mantel rauben will, dann überlasse ihm auch dein Hemd. Wer dich um etwas bittet, dem gib es, und wenn dir jemand etwas nimmt, so verlange es nicht zurück.

Alles, was ihr von anderen erwartet, das tut auch ihnen!

Welchen Dank erhofft ihr euch, wenn ihr nur die liebt, die euch lieben? Auch die Sünder lieben nur die, von denen sie geliebt werden. Deshalb sollt ihr eure Feinde lieben und Gutes tun, selbst wenn ihr dafür keinen Lohn erhaltet. Umso größer wird der Lohn sein, den euch Gott gewährt. Denn ihr seid seine Kinder. Der Herr ist barmherzig gegenüber den Undankbaren und den Bösen. Darum sollt auch ihr barmherzig sein.

Ich sage euch: Alles, was zwei von euch gemeinsam bei meinem himmlischen Vater in meinem Namen erbitten, das werden sie bekommen. Denn wo zwei oder drei in meinem Namen versammelt sind, da bin ich mitten unter ihnen."

Als Jesus zu Ende gesprochen hatte, trat Petrus vor und fragte ihn: „Herr, wie oft muss ich meinem Bruder vergeben, wenn er mir etwas angetan hat? Vielleicht siebenmal?

„Nein", sagte Jesus. „Nicht siebenmal, sondern siebenundsiebzigmal." Damit meinte er: Rechnet anderen nicht vor, wie oft ihr ihnen schon vergeben habt. Stattdessen vergebt ihnen, ohne nachzuzählen.

79 | Richtet nicht!

Mt 7,1–5; Lk 6,37–41

Jesus sagte: „Richtet nicht, dann werdet auch ihr nicht gerichtet. Verurteilt nicht, dann werdet auch ihr nicht verurteilt. Wer einen Schuldner hat, soll ihm die Schulden erlassen, dann werden auch seine Schulden erlassen.

Gebt, dann wird euch gegeben. Wer anderen großzügig schenkt, der wird selbst reich beschenkt."

Jesus fragte seine Zuhörer: „Kann ein Blinder einen Blinden führen? Fallen dann nicht beide in eine Grube?"

Immer wieder hielt Jesus den Menschen einen Spiegel vor. „Warum seht ihr den Splitter im Auge eines anderen Menschen, aber den Balken im eigenen Auge seht ihr nicht?", fragte er.

80 | Hochzeit in Kana

Joh 2,1–12

Kana war ein kleines Dorf in Galiläa. Dort fand eine Hochzeit statt. Auch Maria, ihr Sohn Jesus und seine Jünger waren eingeladen. Fröhlich feierten die Gäste, bis der Wein viel zu früh ausging. Da sagte Maria zu ihrem Sohn: „Die Gastgeber haben keinen Wein mehr."

„Was geht mich das an?", antwortete Jesus und wandte sich ab. Seine Mutter vertraute trotzdem darauf, dass er dem Hochzeitspaar helfen würde. Darum richtete sie den Dienern aus: „Tut alles, was er euch sagt."

In dem Haus, in dem gefeiert wurde, standen sechs leere Krüge. Jeder von ihnen fasste hundert Liter. Jesus sprach die Diener darauf an und bat sie: „Füllt die Krüge mit Wasser und bringt einen Becher davon zum Küchenmeister."

Kaum hatte der Küchenmeister einen Schluck aus dem Becher genommen, rief er nach dem Bräutigam. Kopfschüttelnd sagte er zu ihm: „Jeder setzt seinen Gästen den guten Wein am Anfang vor und den schlechten erst dann, wenn sie schon viel getrunken haben. Du hast jedoch den besten Wein bis zum Schluss zurückbehalten."

Damit begann Jesus, Zeichen zu setzen, Wunder zu wirken. Er offenbarte so, dass er seine Macht von Gott hatte, und stärkte den Glauben der Jünger.

81 | Das Gleichnis vom verborgenen Schatz

Mt 13,1–3; 13,44

Jesus erzählte den Menschen vom Reich Gottes. Er tat dies in Bildern und in Geschichten, die seinen Zuhörern vertraut vorkamen. Denn sie erkannten darin ihr eigenes Leben wieder. Aber gleichzeitig sind diese Geschichten Beispiele, sogenannte Gleichnisse, dafür, wie Menschen den Weg zu Gott suchen und finden - und wie sie ihn verfehlen können.

„Das Himmelreich gleicht einem im Acker verborgenen Schatz", erzählte Jesus. „Ein Mann fand ihn und deckte ihn wieder zu. Voll Freude verkaufte er dann all sein Hab und Gut, um den Acker, auf dem der Schatz verborgen war, zu kaufen."

82 | Das Gleichnis vom Kaufmann und der Perle

Mt 13,45–46

Einmal sagte Jesus: „Mit dem Himmelreich ist es wie mit einem Kaufmann, der Ausschau hielt nach schönen Perlen. Als er eine besonders wertvolle Perle fand, die schönste überhaupt, verkaufte er alles, was er besaß. Dann kaufte er dafür die Perle."

83 | Das Gleichnis vom Senfkorn

Mt 13,31–32; Mk 4,30–32; Lk 13,18–19

Jesus fragte seine Zuhörer: „Womit können wir das Reich Gottes vergleichen? Wie sollen wir es beschreiben?"

Zur Überraschung aller fuhr er fort:

„Das Reich Gottes gleicht einem Senfkorn. Das ist das kleinste Samenkorn: unscheinbar und winzig. Doch wenn es in die Erde gesät wird, treibt es aus, und ein Strauch wächst heran, der die anderen weit überragt.

So groß sind seine Zweige, dass sogar die Vögel des Himmels in seinem Schatten nisten können."

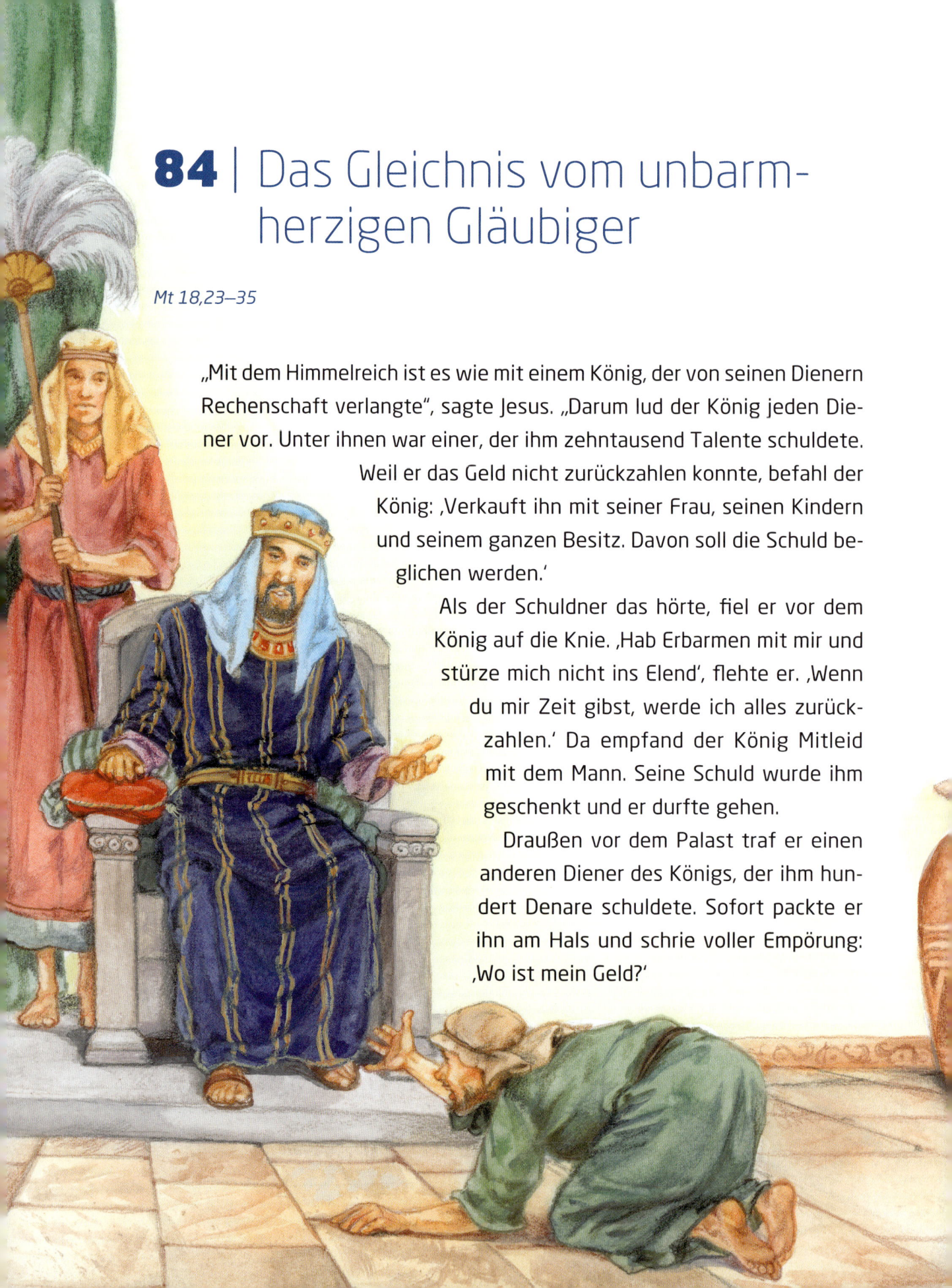

84 | Das Gleichnis vom unbarmherzigen Gläubiger

Mt 18,23–35

„Mit dem Himmelreich ist es wie mit einem König, der von seinen Dienern Rechenschaft verlangte", sagte Jesus. „Darum lud der König jeden Diener vor. Unter ihnen war einer, der ihm zehntausend Talente schuldete. Weil er das Geld nicht zurückzahlen konnte, befahl der König: ‚Verkauft ihn mit seiner Frau, seinen Kindern und seinem ganzen Besitz. Davon soll die Schuld beglichen werden.'

Als der Schuldner das hörte, fiel er vor dem König auf die Knie. ‚Hab Erbarmen mit mir und stürze mich nicht ins Elend', flehte er. ‚Wenn du mir Zeit gibst, werde ich alles zurückzahlen.' Da empfand der König Mitleid mit dem Mann. Seine Schuld wurde ihm geschenkt und er durfte gehen.

Draußen vor dem Palast traf er einen anderen Diener des Königs, der ihm hundert Denare schuldete. Sofort packte er ihn am Hals und schrie voller Empörung: ‚Wo ist mein Geld?'

Erschrocken kniete der Schuldner vor ihm nieder und bat: ‚Hab Erbarmen! Wenn du mir Zeit gibst, werde ich dir alles zurückzahlen.' Doch der Diener, dem gerade seine Schuld erlassen worden war, empfand kein Mitleid. Im Gegenteil, er sorgte dafür, dass der Mann ins Gefängnis geworfen wurde. Dort sollte er so lange bleiben, bis er seine Schuld beglichen hatte.

   Das wurde dem König berichtet. Unverzüglich rief er den Diener zu sich. ‚Du Elender', fuhr er ihn an. ‚Warum bist du mit deinem Schuldner nicht genauso umgegangen wie ich mit dir?' Zornig übergab er den Mann seinen Knechten und ließ ihn streng bestrafen."

Zur Zeit von Jesus stand den Tagelöhnern ein fester Lohn zu, der bei Sonnenuntergang ausbezahlt wurde. Der Lohn entsprach einer römischen Silbermünze: einem Denar. Für 6000 Denare erhielt man damals ein Talent – das war schon ein sehr großer Betrag. Ein Landarbeiter hätte dafür rund 20 Jahre arbeiten müssen. Und wie lange für 10000 Talente?

Jesus schloss das Gleichnis mit den Worten: „So wird mein himmlischer Vater jeden von euch behandeln, der seinem Bruder nicht von ganzem Herzen vergibt!"

85 | Das Gleichnis von den Arbeitern im Weinberg

Mt 20,1–16

„Mit dem Himmelreich ist es wie mit dem Besitzer eines Gutes, der früh am Morgen sein Haus verließ und zum Markt ging. Dort wollte er Arbeiter für seinen Weinberg anwerben", sagte Jesus. „Er einigte sich mit ihnen auf den Tageslohn von einem Denar. Nach drei Stunden ging er wieder hin und warb weitere Männer an. ‚Ich werde euch geben, was recht ist', versprach er. Ebenso tat er es nach sechs und nach neun Stunden.

Es war schon spät am Nachmittag, in der elften Stunde, da traf er auf dem Markt ein paar Männer, die immer noch herumstanden. ‚Warum arbeitet ihr nicht?', fragte er, und sie antworteten: ‚Uns wollte keiner beschäftigen.' Da schickte er auch diese Männer in seinen Weinberg.

Als der Abend anbrach, sagte der Besitzer des Gutes zu seinem Verwalter: ‚Ruf die Arbeiter zusammen und zahl ihnen den Lohn aus. Beginne mit denen, die zuletzt gekommen sind. Jeder von ihnen bekommt einen Denar.'

Da hofften die ersten Arbeiter, dass sie mehr erhalten würden. Aber auch ihnen wurde ein Denar ausgehändigt. Sie murrten darüber und einer beschwerte sich lautstark bei dem Besitzer des Gutes: ‚Die zuletzt Gekommenen haben nur eine Stunde gearbeitet, während wir vom frühen Morgen bis zum Abend die Last der Arbeit und die Hitze ertrugen. Trotzdem hast du ihnen den gleichen Lohn bezahlt wie uns.'

‚Mein Freund, dir geschieht kein Unrecht', erwiderte der Besitzer. ‚Was wir miteinander vereinbart haben, das wurde dir gegeben. Also nimm dein Geld und geh. Ich will den Letzten genauso viel geben wie den Ersten. Darf ich denn mit dem, was mir gehört, nicht das tun, was ich will? Oder ärgerst du dich, weil ich so großzügig gegenüber anderen bin?'"

86 | Das Gleichnis vom anvertrauten Geld

Mt 25,14–29; Lk 19,11–25

„Mit dem Himmelreich ist es wie mit einem Mann, der auf Reisen ging", sagte Jesus. „Er ließ die Diener kommen und vertraute ihnen für diese Zeit sein Vermögen an. Einem gab er fünf Talente Silbergeld, einem anderen zwei Talente und wieder einem anderen ein Talent. Jeder erhielt das Geld nach seinen Fähigkeiten. Dann reiste der Mann ab.

Sofort begann der Diener, der fünf Talente bekommen hatte, mit dem Geld zu arbeiten und verdiente noch fünf Talente dazu. Auch der zweite Diener verdoppelte das Geld, das ihm sein Herr übergeben hatte. Nur der dritte Diener ging hin und vergrub es in der Erde.

Die Zeit verstrich. Schließlich kam der Besitzer des Geldes zurück und verlangte Rechenschaft von seinen Dienern. Da brachte derjenige, der fünf Talente erhalten hatte, seinem Herrn fünf weitere Talente. ‚Sieh her, so habe ich dein Vermögen vermehrt', rief er, und der Herr lobte ihn: ‚Du bist ein tüchtiger, treuer Diener. Weil du deine Aufgabe so gut gelöst hast, will ich dir noch mehr Verantwortung übertragen. Komm nun und nimm teil an meiner Freude.'

Auch der Diener, der zwei Talente erhalten hatte, zeigte seinem Herrn voller Stolz die beiden dazugewonnenen Talente. Zu ihm sagte der Herr ebenfalls: ‚Du bist ein tüchtiger, treuer Diener. Weil du deine Aufgabe so gut gelöst hast, will ich dir noch mehr Verantwortung übertragen. Komm nun und nimm teil an meiner Freude.'

Zuletzt trat der Diener vor, der ein Talent erhalten hatte. ‚Ich wusste, dass du streng bist', versuchte er sich zu rechtfertigen. ‚Du erntest, wo du nicht gesät hast, und sammelst ein, was du nicht ausgestreut hast. Weil ich Angst hatte, vergrub ich dein Geld in der Erde. Hier bekommst du es zurück.'

Daraufhin sagte der Herr: ‚Du bist ein schlechter, fauler Diener. Hättest du mein Geld wenigstens zur Bank gebracht, dann könntest du es jetzt mit Zinsen zurückzahlen. Darum nehme ich dir das Talent und schenke es dem, der schon zehn Talente hat.

Denn wer hat, dem wird im Überfluss gegeben. Wer aber nichts vorweisen kann, dem wird auch noch weggenommen, was er hat.'"

87 | Das Gleichnis vom barmherzigen Samariter

Lk 10,25–37

Wieder einmal sprach Jesus zu seinen Jüngern. Ein Schriftgelehrter, der zugehört hatte, richtete eine Frage an ihn: „Meister, was muss ich tun, damit ich das ewige Leben erlange?"

Jesus fragte zurück: „Was sagen darüber die heiligen Schriften?"

Der Gelehrte antwortete: „Dort steht: Du sollst den Herrn, deinen Gott, lieben mit ganzem Herzen und ganzer Seele, mit all deiner Kraft und all deinen Gedanken. Außerdem steht dort: Deinen Nächsten sollst du lieben wie dich selbst."

„So ist es", nickte Jesus. „Wenn du das beherzigst, wirst du leben." Aber der Schriftgelehrte gab sich mit dieser Antwort nicht zufrieden. „Wer ist denn mein Nächster?", wollte er wissen. Daraufhin erzählte Jesus eine Geschichte:

„Es war einmal ein Mann, der von Jerusalem nach Jericho ging. Unterwegs wurde er von Räubern überfallen. Sie nahmen ihm alles weg, was er besaß. Dann schlugen sie den Mann zusammen und ließen ihn halb tot liegen.

Zufällig kam ein Priester den Weg entlang. Er sah den Verletzten; doch er wollte nichts mit ihm zu tun haben. Lieber ging er weiter. Nach dem Priester kam ein Tempeldiener. Auch er sah den Verletzten und fürchtete die Unannehmlichkeiten, wenn er helfen würde. Deshalb blickte er rasch weg und ging ebenfalls weiter.

Schließlich kam ein Mann aus Samarien, der wie alle Samariter von den Menschen aus Galiläa und Judäa verachtet wurde. Dieser Mann aber blieb bei

dem Verletzten stehen. Er hatte Mitleid mit ihm, wusch seine Wunden aus und verband sie. Dann hob er ihn auf sein Maultier und brachte ihn in eine Herberge, wo er sich weiter um den Verletzten kümmerte. Am nächsten Morgen gab er dem Wirt zwei Denare.

‚Bitte, sorge für den Mann‘, sagte er. ‚Solltest du noch mehr Geld brauchen, bezahle ich es dir auf meinem Rückweg.‘"

„Was meinst du?", wandte sich Jesus an den Schriftgelehrten. „Wer war der Nächste für den Mann, der unter die Räuber fiel? Der Priester, der Tempeldiener oder der verachtete Samariter?" Da antwortete der Schriftgelehrte: „Derjenige ist es gewesen, der barmherzig an ihm gehandelt hat."

„Dann geh hin und handle genauso", sagte Jesus.

88 | Das Gleichnis vom törichten Reichen

Lk 12,15b–21

„Der Sinn des Lebens besteht nicht darin, dass wir für uns Reichtümer anhäufen", sagte Jesus und erzählte eine Geschichte:

„Es war einmal ein reicher Mann, der eine große Ernte erwartete. Das Getreide auf seinen Feldern bog sich, so schwer waren die Ähren. ,Was soll ich nur tun?', dachte der reiche Mann. ,Wo bringe ich diese Ernte unter?'

Schließlich entschloss er sich, seine alte Scheune abzureißen und eine größere zu bauen. ,Dort kann ich das Korn und meine ganzen Vorräte sicher verwahren', dachte er. ,Wenn es so weit ist, genieße ich alles. Dann ruhe ich mich aus und freue mich am Leben.'

Da sprach Gott zu ihm: ,Du Narr! Noch in dieser Nacht werde ich dein Leben von dir zurückfordern. Wem gehört dann, was du angehäuft hast?'

So geht es jedem", sagte Jesus, „der nur für sich selbst Schätze sammelt, aber nicht reich ist vor Gott."

89 | Das Gleichnis von der Einladung zum Festessen

Lk 14,15–24

Jesus war zum Essen in das Haus eines Schriftgelehrten eingeladen. Einer der Gäste sagte zu ihm: „Selig ist, wer im Reich Gottes am Mahl teilnehmen darf." Da erzählte Jesus ein Gleichnis: „Ein Mann veranstaltete ein großes Festessen. Er lud dazu viele Gäste ein. Kurz bevor das Essen begann, schickte er seinen Diener aus. ‚Kommt, es ist alles bereitet für euch', sagte der Diener zu den Eingeladenen. Aber einer nach dem anderen entschuldigte sich und sagte ab.

Der Erste ließ dem Gastgeber ausrichten: ‚Ich habe einen Acker gekauft und muss ihn besichtigen. Bitte, entschuldige mich.' Ein anderer erklärte: ‚Ich habe fünf Ochsengespanne erworben und muss jetzt hingehen und sie mir genauer ansehen. Bitte, entschuldige mich.' Wieder ein anderer sagte: ‚Ich habe gerade geheiratet. Deshalb kann ich nicht kommen. Bitte, entschuldige mich.'

Der Diener kehrte zurück und berichtete alles. Darüber geriet der Herr in Zorn. Er gab seinem Diener den Auftrag: ‚Geh rasch und hole die Armen und die Kranken, die Blinden und die Lahmen aus der ganzen Stadt herbei. Sie sollen meine Gäste sein.' Der Diener befolgte die Anweisung des Herrn. Danach sagte er zu ihm: ‚An deinen Tischen ist immer noch Platz.'

‚Dann geh auf die Landstraße hinaus und sprich alle an, denen du begegnest. Sie sollen zu mir kommen', sagte der Herr und fügte hinzu: ‚Keiner von denen, die zuerst eingeladen waren, wird an meinem Festessen teilnehmen.'"

90 | Das Gleichnis vom verlorenen Schaf und der verlorenen Drachme

Mt 18,12–14; Lk 15,1–10

Viele Menschen kamen neugierig zu Jesus, obwohl sie die religiösen Gebote nicht beachteten. Darüber regten sich vor allem die Pharisäer auf, die besonders eifrige Hüter des Glaubens waren. „Sogar mit Sündern gibt sich dieser Prophet ab. Er macht keinen Unterschied", schimpften sie. Als Jesus davon erfuhr, erzählte er ihnen ein Gleichnis:

„Stellt euch vor: Einer von euch hat hundert Schafe. Aus der Herde, die ihm gehört, verirrt sich ein Schaf in der Steppe. Lässt er dann nicht die neunundneunzig Schafe zurück und geht dem verlorenen nach, bis er es findet? Sobald er es gefunden hat, legt er es auf die Schultern und trägt es heim. Zu Hause holt er seine Freunde und Nachbarn zusammen. ‚Ich habe mein Schaf wiedergefunden, das verloren war', ruft er. ‚Freut euch mit mir!' "

Und Jesus fügte hinzu: „Ich sage euch, auch der himmlische Vater freut sich mehr über einen einzigen Sünder, der zu ihm zurückkehrt, als über neunundneunzig Gerechte, die immer bei ihm sind.

Oder stellt euch eine Frau vor. Sie besitzt zehn Drachmen, eine davon verliert sie. Zündet sie dann nicht das Licht an und fegt das ganze Haus? Unermüdlich wird sie suchen. Wenn sie die Münze endlich entdeckt, holt die Frau ihre Freundinnen und Nachbarinnen zusammen. ‚Die Drachme, die ich verloren habe, ist wieder da', ruft sie voller Freude. Ich sage euch: Genauso freuen sich die Engel im Himmel über einen einzigen Sünder, der umkehrt."

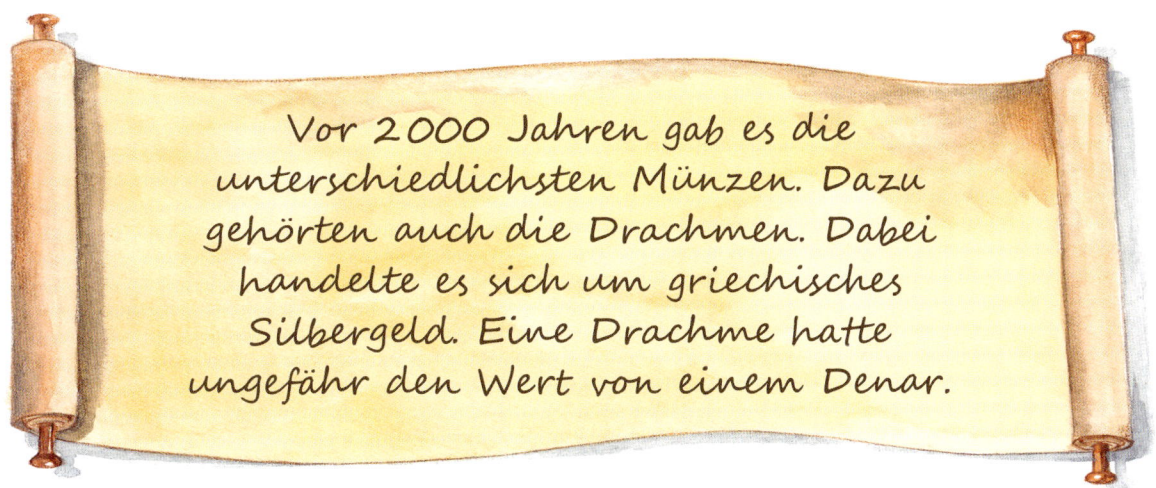

Vor 2000 Jahren gab es die unterschiedlichsten Münzen. Dazu gehörten auch die Drachmen. Dabei handelte es sich um griechisches Silbergeld. Eine Drachme hatte ungefähr den Wert von einem Denar.

91 | Das Gleichnis vom barmherzigen Vater

Lk 15,11–32

Auch das folgende Gleichnis erzählte Jesus: „Es war einmal ein Mann, der zwei Söhne hatte. Der jüngere der beiden Söhne sagte zu seinem Vater: ‚Zahl mir mein Erbe aus. Ich habe einen Anspruch darauf.' Da gab ihm der Vater das Geld für seinen Erbteil, und der jüngere Sohn packte seine Habe zusammen. Dann zog er in ein fernes Land, dort führte er ein verschwenderisches Leben.

Bald hatte er alles durchgebracht, was er besaß. Als eine große Hungersnot ausbrach, geriet er in Not. Deshalb bat er einen Mann aus dem fernen Land um Hilfe. Dieser schickte ihn hinaus auf das Feld zu seinen Schweinen, die er hüten musste. Wie gern hätte er von dem Futter gegessen, das den Schweinen vorgeworfen wurde. Aber nicht einmal dieses Futter erhielt er.

Schließlich ging er in sich. ‚Die Tagelöhner meines Vaters haben mehr als genug zu essen und ich komme hier um vor Hunger‘, dachte er. ‚Lieber will ich zu meinem Vater zurückkehren und ihn um Verzeihung bitten. Dann sage ich zu ihm: Ich bin es nicht mehr wert, dein Sohn zu sein; doch lass mich wenigstens als Tagelöhner bei dir arbeiten.‘

Es hielt ihn nichts mehr. Er wollte nach Hause. Der Vater, der den Sohn in seinem armseligen Gewand schon von Weitem sah, empfand Mitleid. Er lief ihm entgegen, fiel ihm um den Hals und küsste ihn. Da rief der Heimgekehrte erstaunt: ‚Warum nimmst du mich so herzlich auf?' Doch der Vater hatte sich bereits zu seinen Knechten gewandt. ‚Holt rasch die besten Kleider für meinen Sohn', sagte er, ‚und zieht sie ihm an. Außerdem braucht er neue Schuhe. Steckt noch einen goldenen Ring an seinen Finger. Danach schlachtet das Mastkalb. Wir wollen essen und fröhlich sein. Denn mein Sohn war verloren, jetzt haben wir ihn wiedergefunden. Er war tot, jetzt lebt er wieder.'

Der ältere Sohn hatte an diesem Tag auf dem Feld gearbeitet. Als er heimkam, hörte er Musik und Lachen. ‚Was bedeutet das?', fragte er einen Knecht. ‚Dein Bruder ist heil und gesund zurückgekehrt. Deshalb ließ der Herr ein Mastkalb schlachten und feiert mit dem ganzen Gesinde.'

Da wurde der ältere Bruder so zornig, dass er sich weigerte, das Haus zu betreten. Sein Vater kam heraus und wollte ihm gut zureden, aber er unterbrach ihn. ‚Schon so viele Jahre diene ich dir, ohne zu klagen', sagte er. ‚In dieser Zeit tat ich alles für dich. Du aber hast mir nicht einmal ein Böcklein geschenkt, damit ich mit Freunden ein Fest feiern konnte. Kaum kommt mein jüngerer Bruder zurück, der sein ganzes Vermögen verprasst und verschleudert hat, schlachtest du ein Mastkalb für ihn.'

‚Mein Kind', antwortete daraufhin der Vater, ‚du warst immer bei mir und bist es weiterhin. Alles, was mir gehört, das gehört auch dir. Doch nun lass uns fröhlich sein und ein Fest feiern, denn dein Bruder war verloren, jetzt haben wir ihn wiedergefunden. Er war tot, jetzt lebt er wieder.'"

92 | Das Gleichnis vom Pharisäer und vom Zöllner

Lk 18,9–14

Jesus traf immer wieder Menschen, die sich für besonders wichtig hielten, weil sie glaubten, dass sie so leben würden, wie es Gott gefiel. Sie schauten darum auf alle, die anders als sie selbst lebten, herab. Diesen überheblichen Menschen erzählte Jesus folgendes Gleichnis:

„Zwei Männer", sagte er, „gingen in den Tempel, um zu beten. Der eine war ein Pharisäer, der andere ein Zöllner. Der Pharisäer stellte sich für alle sichtbar hin. Er sprach zu Gott: ‚Ich danke dir, dass ich nicht so bin wie die meisten Menschen. Ich bin kein Räuber und kein Betrüger. Ich bin auch nicht wie dieser Zöllner dort drüben. An zwei Tagen in der Woche faste ich. Außerdem spende ich den zehnten Teil meines Verdienstes für den Tempel und die Priester.'

Der Zöllner aber blieb ganz hinten stehen. So fiel er nicht auf. Er senkte den Kopf und schlug sich auf die Brust. ‚Mein Gott', betete er, ‚sei mir gnädig, denn ich bin ein Sünder.'"

Die Pharisäer waren eine Gemeinschaft im Judentum, die nicht nur die Gebote streng befolgten, sondern ihr Leben nach vielen weiteren Vorschriften und Gesetzen gestalteten.

Jesus schloss seine Geschichte mit den Worten: „Ich sage euch: Nicht der Pharisäer, sondern der Zöllner findet Gefallen bei Gott. Denn wer sich erhöht, wird erniedrigt, und wer sich erniedrigt, wird erhöht."

93 | Jesus und die Kinder

Mt 19,13–15; Mk 10,13–16; Lk 18,15–17

Auf seinen Wanderungen kam Jesus auch in das Gebiet jenseits des Jordan. Wieder scharten sich die Menschen um ihn. Jeder wollte seine Worte hören. Viele Eltern brachten ihre Kinder mit und hofften, Jesus würde sie segnen. Aber seine Jünger wiesen die Kleinen zurück: „Unser Meister hat Wichtigeres zu tun", erklärten sie.

Darüber ärgerte sich Jesus. Er tadelte die Jünger. „Lasst alle Kinder zu mir kommen! Schickt sie nicht weg", sagte er. „Denn ihnen gehört das Reich Gottes. Amen, das versichere ich euch: Wer nicht wie ein Kind an das Reich Gottes glaubt, wird auch keinen Anteil daran haben."

Jesus nahm die Kinder in seine Arme. Dann breitete er beide Hände über den Köpfen der Kinder aus und segnete sie.

94 | Der Seesturm

Mt 8,23–27; Mk 4,35–41; Lk 8,22–25

Jesus hatte am See Gennesaret gepredigt und die Menschen waren ihm den ganzen Tag gefolgt. Am Abend sagte er zu seinen Jüngern: „Lasst uns an das andere Ufer fahren. Dort können wir ausruhen." Sie schickten die Leute fort und ruderten hinaus. Als sie schon weit auf dem See waren, erhob sich plötzlich ein Sturm. Er blies so stark, dass die Wellen in ihre Boote schlugen.

Jesus hatte sich bei der Ausfahrt niedergelegt und war auf einem Kissen eingeschlafen. Als die Boote hin- und hergeworfen wurden, bekamen es die Jünger mit der Angst zu tun. Sie weckten ihn und schrien: „Meister, merkst du nicht, dass wir untergehen? Tu doch etwas!"

Jesus sah den Schrecken in ihren Gesichtern. Er stand auf, hob die Arme und befahl dem Sturm: „Schweig!" Im gleichen Augenblick endete das Brausen und Toben, und es wurde ganz still.

Jetzt wandte sich Jesus an seine Jünger. „Warum habt ihr solche Angst?", fragte er. „Ich bin doch bei euch!"

Da blickten sie sich scheu an. „Sogar der Wind und die Wellen gehorchen unserem Meister", flüsterten sie miteinander. „Was ist das für ein Mensch?"

95 | Fünf Brote, zwei Fische

Mt 14,13–21; Mk 6,30–44; Lk 9,10–17

Jesus hatte seine Apostel ausgesandt, damit sie überall die Botschaft vom Reich Gottes verkündeten. Als sie zurückkehrten, sagte er zu ihnen: „Kommt mit mir an einen Ort, wo wir allein sind, um ein wenig auszuruhen." Es kamen nämlich so viele Menschen, um Jesus und seine Jünger zu hören, dass sie nicht einmal Zeit zum Essen fanden.

Mit dem Boot suchten sie einen einsamen Anlegeplatz. Aber es sprach sich rasch herum, wohin sie gerudert waren. Viele, die Jesus hören wollten, liefen zu Fuß am Ufer entlang und trafen noch vor ihm ein. Als Jesus ausstieg und die Menschen sah, empfand er Mitleid mit ihnen. Waren sie nicht wie eine Schafherde, die keinen Hirten hatte? Deshalb nahm er sich Zeit und erzählte ihnen vom barmherzigen, gerechten Vater im Himmel.

Darüber brach der Abend an. Die Jünger wurden unruhig. „Dieser Ort ist abgelegen und es ist schon spät", sagten sie zu ihm. „Schick die Leute fort, damit sie sich in den Gehöften und Dörfern etwas zum Essen kaufen können." Jesus fragte: „Warum gebt ihr ihnen nichts zu essen?" Erstaunt sahen sie ihn an: „Sollen wir wirklich weggehen und so viel Brot einkaufen, dass es für alle reicht? Dafür brauchen wir zweihundert Denare."

Daraufhin sagte Jesus: „Geht zu den Leuten und bittet um die Brote, die sie mitgebracht haben."

Nach einer Weile kehrten die Jünger mit fünf Broten und zwei Fischen zurück. „Richtet allen aus, dass sie sich in Gruppen in das Gras setzen sollen", bat Jesus nun. Dann nahm er die Brote und die Fische, blickte zum Himmel empor und segnete sie. Anschließend brach er die Brote und ließ sie von den Jüngern austeilen, ebenso die Fische. Alle aßen davon und alle wurden satt.

Mit den Resten füllten die Jünger zwölf Körbe. Fünftausend Männer, dazu noch viele Frauen und Kinder, hatten an dem Mahl teilgenommen.

96 | Heilung des Taubstummen

Mt 15,29–31; Mk 7,31–37

Jesus kam bis in die Städte Tyrus und Sidon, die am Meer lagen. Von dort zog er weiter. Da brachte man ihm einen Taubstummen und bat: „Berühre ihn doch! Segne ihn!"

Jesus nahm den Mann bei den Händen und entfernte sich mit ihm aus der Menge. Dann legte er seine Finger an die Ohren des Taubstummen; einen Finger aber benetzte er mit Speichel und strich damit über die Zunge des Mannes. Während er zum Himmel aufblickte, sagte er: „Effata!" Das heißt: „Öffne dich!"

Im gleichen Augenblick konnte der Mann hören und er fing an zu sprechen. Jesus wollte nicht, dass die Menschen weitererzählten, welches Wunder sie erlebt hatten. Doch je mehr er es ihnen verbot, umso mehr redeten sie darüber.

Voller Ehrfurcht sagten sie zueinander: „Jesus macht alles wieder gut. Bei ihm hören sogar die Tauben, und die Stummen sprechen bei ihm."

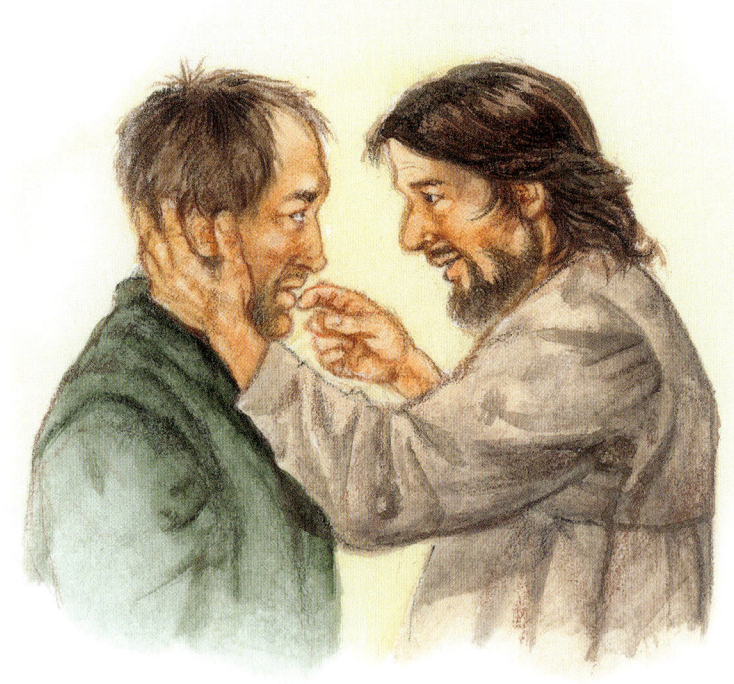

97 | Heilung des Blinden

Mt 20,29–34; Mk 10,46–52; Lk 18,35–43

Jesus war mit seinen Jüngern und einer großen Menschenmenge unterwegs in der Nähe von Jericho. Am Straßenrand hockte ein blinder Bettler, der Bartimäus hieß. Sobald er hörte, dass der Mann aus Nazaret vorüberzog, schrie er laut: „Jesus, du Sohn Davids, hab Mitleid mit mir!"

Darüber waren viele ungehalten. „Sei still", wiesen sie den Bettler zurecht. Bartimäus aber schrie noch lauter als zuvor: „Jesus, du Sohn Davids, denk an mich!" Als Jesus die Bitte des Bettlers hörte, blieb er stehen und sagte: „Ruft ihn, er soll zu mir kommen." Das taten die Leute, und Bartimäus zögerte keinen Augenblick. Vor Freude warf er seinen Mantel weg, sprang auf und lief zu Jesus hin. Dieser fragte den blinden Bettler: „Was soll ich für dich tun?"

Bartimäus antwortete: „Meister, lass mich wieder sehen." Da sagte Jesus zu ihm: „Dein Glaube hat dir geholfen."

Staunend öffnete Bartimäus seine Augen. Er sah das Licht des Himmels, er sah die Menschen, die um ihn herumstanden, und er sah Jesus. Von nun an folgte er ihm auf seinem Weg.

98 | Jesus besucht Zachäus

Lk 19,1–10

Als Jesus nach Jericho kam, ging er durch die Gassen der Stadt. Dort wohnte ein Mann, der Zachäus hieß. Er trieb die Steuern für die Römer ein und durfte einen Teil davon für sich behalten. Als oberster Zöllner, den die fremden Soldaten eingesetzt hatten, war er reich geworden. Die Leute aber verachteten ihn dafür.

Zachäus wollte Jesus unbedingt sehen. Er war sehr klein, und die Menschenmenge versperrte ihm die Sicht. Vergeblich streckte er sich, stand auf Zehenspitzen und versuchte, über die Neugierigen vor ihm zu blicken. Als alles nichts nützte, kletterte er auf einen Baum.

Es dauerte eine Weile, bis der Mann aus Nazaret vorüberkam. Plötzlich blieb er stehen und schaute in den Baum hinauf. Über ihm, zwischen den Zweigen, saß der Zöllner. „Zachäus, komm herunter, denn heute will ich Gast in deinem Haus sein", sagte Jesus. Da stieg Zachäus, so rasch er konnte, hinunter und nahm Jesus bei sich auf. Das ärgerte viele in Jericho. „Der Meister geht zu einem Sünder!", schimpften sie.

Zachäus wusste, wie sie über ihn redeten. Deshalb wandte er sich an seinen Gast und versprach: „Herr, die Hälfte meines Vermögens will ich den Armen geben und wenn ich von jemand zu viel genommen habe, bekommt er das Vierfache zurück."

Darüber freute sich Jesus. „Heute wurde dieses Haus mit seinen Bewohnern von Gott gesegnet", sagte er. „Auch Zachäus gehört jetzt zu den Kindern Abrahams. Denn der Menschensohn ist gekommen, um die Verlorenen zu suchen und zu retten."

99 | Das Opfer der Witwe

Mk 12,41–44; Lk 21,1–4

Jesus beobachtete, wie die Reichen ihre Spenden in den Opferstock des Tempels steckten. Nach ihnen kam eine arme Witwe, die zwei kleine Münzen hineinwarf.

„Diese arme Witwe", sagte Jesus zu seinen Jüngern, „hat mehr geopfert als alle anderen. Denn die Reichen gaben nur von dem, was sie im Überfluss besitzen. Aber die Witwe, die kaum das Nötigste zum Leben hat, schenkte auch das noch her."

100 | Wer wirft den ersten Stein?

Joh 8,1–11

Jesus ging in den Jerusalemer Tempel. Da kam das Volk zu ihm. Er setzte sich und begann mit der Unterweisung. Während er sprach, brachten die Schriftgelehrten und Pharisäer eine Frau herein, der sie vorwarfen, ihren Mann betrogen zu haben. Sie stellten die Frau in den Kreis der Zuhörer und sagten zu Jesus: „Meister, diese hier wurde beim Ehebruch ertappt. Das Gesetz schreibt vor, dass sie gesteinigt werden muss. Was meinst du dazu?"

Mit ihrer Frage wollten sie Jesus auf die Probe stellen. Wenn er sich nicht an das Gesetz hielt, konnten sie ihn verklagen. Darum gab er keine Antwort.

Stattdessen bückte er sich und schrieb mit dem Finger auf die Erde. Aber die Schriftgelehrten und Pharisäer blieben hartnäckig. Immer wieder fragten sie.

Schließlich richtete sich Jesus auf. „Wer von euch ohne Sünde ist, werfe den ersten Stein", sagte er. Dann schrieb er weiter auf die Erde.

Da gingen die Kläger still auseinander. Einer nach dem anderen verließ den Ort. Nur die Frau blieb zurück. Allein stand sie da.

„Wo sind die Männer geblieben? Hat dich keiner verurteilt?", fragte Jesus.

„Nein, keiner", erwiderte die Frau.

„Auch ich verurteile dich nicht", sagte Jesus. „Geh jetzt. Von nun an sündige nicht mehr."

101 | Der gute Hirte

Joh 10,11–21

„Ich bin der gute Hirte", sagte Jesus. „Der gute Hirte setzt sein Leben ein für die Schafe. Dagegen lässt der Knecht, der bezahlt wird und dem die Schafe nicht gehören, seine Herde im Stich. Er läuft davon, sobald der Wolf kommt. Weil ihm nichts liegt an den Schafen, flieht er. Dann jagt der Wolf die Herde auseinander, fällt die Schafe einzeln an und reißt sie.

Ich bin der gute Hirte. Ich kenne meine Schafe, und meine Schafe kennen mich. So kennt mich auch der himmlische Vater, und ich kenne ihn. Für die Schafe, die mir anvertraut sind, opfere ich mein Leben."

Jesus fuhr fort: „Ich habe noch weitere Schafe. Sie kommen aus anderen Ställen. Auch diese Schafe werde ich hüten, und sie werden auf meine Stimme hören. Dann gibt es nur noch eine Herde und einen Hirten.

Der himmlische Vater liebt mich, weil ich mein Leben hingebe. Niemand zwingt mich dazu. Ich tue dies freiwillig. Aber ich werde mein Leben zurückbekommen. Denn ich habe die Macht über das Leben und über den Tod."

Kaum hatte Jesus gesprochen, entstand ein Aufruhr unter den Zuhörern. Viele riefen: „Er ist verrückt, er redet im Wahn!" Andere hielten ihnen entgegen: „So redet keiner im Wahn. Oder habt ihr schon einmal erlebt, dass ein Verrückter die Augen von Blinden öffnet?"

102 | Du bist Gottes Sohn – Das Bekenntnis des Petrus

Mt 16,13–19; Mk 8,27–30; Lk 9,18–21

Einmal fragte Jesus die Apostel: „Für wen halten mich die Leute?" Da antworteten sie: „Manche halten dich für Johannes den Täufer, andere für einen Propheten wie Elija oder Jeremia."

„Und für wen haltet ihr mich?", fragte Jesus weiter. Daraufhin sagte Simon: „Du bist der Messias, der Sohn des lebendigen Gottes."

Jesus sah ihn an. „Gesegnet bist du, Simon", sprach er. „Nicht von den Menschen, sondern von meinem Vater im Himmel wurde dir das geoffenbart. Ich aber sage dir: Du bist Petrus, der Fels. Auf diesen Felsen werde ich meine Kirche bauen und die Mächte der Finsternis werden sie nicht besiegen.

Ich gebe dir die Schlüssel zum Himmelreich. Was du hier auf der Erde binden wirst, das bleibt auch im Himmel gebunden, und was du auf der Erde lösen wirst, das bleibt auch im Himmel gelöst."

103 | Das große Gericht

Mt 25,31–46

Jesus sprach auch vom großen Gericht am Ende aller Tage: „Wenn der Menschensohn wiederkommt und mit ihm die Engel, dann geschieht dies voller Herrlichkeit. Alle Völker werden vor seinem Thron zusammengerufen und er wird die Menschen trennen, so wie der Hirte die Schafe von den Böcken trennt. Zu seiner Rechten versammelt er die Schafe, zu seiner Linken die Böcke.

Den Menschen auf der rechten Seite sagt er: ‚Gesegnet seid ihr von meinem Vater. Kommt mit mir in das Reich, das auf euch wartet seit der Erschaffung der Welt. Denn ich war hungrig, und ihr gabt mir zu essen. Ich war durstig, und ihr gabt mir zu trinken. Ich war fremd unter euch, und ihr nahmt mich auf. Ich war nackt, und ihr habt mich bekleidet. Ich war krank, und ihr habt mich gepflegt. Ich war im Gefängnis, und ihr habt mich besucht.‘

Erstaunt werden die Gerechten fragen: ‚Wann ist das gewesen? Wann bist du uns so begegnet?‘ Der Menschensohn aber wird darauf antworten: ‚Amen, ich sage euch: Was ihr den ärmsten meiner Brüder und Schwestern getan habt, das habt ihr auch mir getan.‘

Danach wird er sich zur linken Seite wenden und den dort versammelten Menschen sagen: ‚Weicht von mir, ihr Verfluchten! Für euch ist das ewige Feuer bestimmt. Denn ich war hungrig, und ihr gabt mir nichts zu essen. Ich war durstig, und ihr gabt mir nichts zu trinken. Ich war fremd unter euch, und ihr nahmt mich nicht auf. Ich war nackt, und ihr habt mich nicht bekleidet. Ich war krank, und ihr habt mich nicht gepflegt. Ich war im Gefängnis, und ihr habt mich nicht besucht.‘

‚Wann ist das gewesen?‘, werden auch die Verfluchten fragen. ‚Wann bist du uns so begegnet?‘ Darauf wird der Menschensohn antworten: ‚Amen, ich sage euch: Was ihr den ärmsten meiner Brüder und Schwestern nicht getan habt, das habt ihr auch mir nicht getan.‘

Deshalb werden sie die ewige Strafe erhalten", sagte Jesus. „Die Gerechten aber erhalten das ewige Leben."

104 | Der Einzug in Jerusalem

Mt 21,1–9; Mk 11,1–10; Lk 19,28–40; Joh 12,12–19

Der Weg nach Jerusalem war beschwerlich. Er führte bergan durch ein steiniges, trockenes Land. Jesus wollte mit seinen Jüngern in Jerusalem das Paschafest feiern, das an die Befreiung der Israeliten aus der Knechtschaft in Ägypten erinnert.

Als sie sich dem kleinen Ort Betanien näherten, schickte er zwei Jünger voraus. „Am Dorfeingang findet ihr einen Esel, der angebunden ist", sagte er zu ihnen. „Bindet das Tier los und bringt es zu mir. Wenn euch jemand fragt, warum ihr das tut, dann antwortet: ‚Jesus aus Nazaret braucht diesen Esel.'"

Was der Meister vorausgesagt hatte, traf ein. Kaum banden sie den Esel los, liefen auch schon die Leute herbei, denen er gehörte. „Was macht ihr da?", riefen sie, und die Jünger erklärten: „Jesus aus Nazaret braucht diesen Esel." Da durften sie ihn mitnehmen.

Als sie wieder zu ihrem Meister kamen, legten sie Decken auf den Rücken des Esels. Dann halfen sie Jesus hinauf. So ritt er in Jerusalem ein. Viele Menschen breiteten ihre Gewänder wie Teppiche vor ihm aus oder streuten Jesus grüne Zweige. Dabei jubelten sie: „Seht, da kommt der König, den uns Gott gesandt hat!"

Ein König, der auf einem Esel saß, statt auf einem prächtigen Pferd.

Die Pharisäer hörten die Rufe aus der Menge. Sie wurden wütend und warnten den Meister: „Du bist kein König. Bring deine Anhänger zum Schweigen." Aber Jesus schüttelte den Kopf. „Wenn diese Menschen schweigen, werden die Steine für sie reden", sagte er.

105 | Jesus im Tempel

Mt 21,12–17; Mk 11,15–19; Lk 19,45–48; Joh 2,13–16

Jesus ging in den Vorhof des Tempels. Dort herrschte ein großes Gedränge. Händler boten Opfertiere zum Kauf an, andere wechselten das Geld. Überall wurde lautstark gefeilscht und gestritten. Da erfasste Jesus ein großer Zorn. Er stürzte die Tische der Geldwechsler und die Stände der Taubenhändler um. Dann trieb er die Geschäftemacher zum Tempel hinaus.

„In der Heiligen Schrift steht: Mein Haus soll ein Haus des Gebetes für alle Völker sein", rief er wütend. „Aber ihr habt daraus eine Räuberhöhle gemacht!"

Die Spenden für den Tempel und der Kaufpreis der Opfertiere durften nicht mit römischem Geld, sondern nur mit den alten jüdischen Münzen entrichtet werden. Diese Münzen erhielt man bei den Wechslern. Sie verdienten sehr gut daran, aber auch die Tempelpriester – die Hohepriester – strichen ihren Anteil ein.

Von nun an lehrte Jesus täglich im Tempel. Die Menschen scharten sich um ihn. Ihre Verehrung für den Mann aus Nazaret wurde immer größer. Darüber ärgerten sich die Hohepriester und Schriftgelehrten und alle anderen Führer des Volkes. Sie wollten Jesus loswerden, doch sie wussten nicht, wie sie es anstellen sollten.

106 | Die Fußwaschung

Joh 13,1–20

Am Abend fing das Paschafest an. Die Jünger hatten sich mit Jesus zum Essen versammelt und dafür, wie es der Brauch vorschrieb, ein Paschalamm schlachten lassen. Jesus wusste, dass er bald zu seinem himmlischen Vater zurückkehren würde. Er stand auf, goss Wasser in eine Schüssel und wusch den Aposteln die Füße. Anschließend trocknete er sie mit einem Leinentuch ab.

Als er zu Petrus kam, fragte dieser bestürzt: „Herr, willst du mir wirklich die Füße waschen? Das lasse ich nicht zu."

„Dann kannst du auch nicht mein Jünger sein", antwortete Jesus. Er wandte sich an alle, die dabei waren, und sagte: „Zu Recht nennt ihr mich Meister und Herr, denn das bin ich. Wenn ich, der Meister und Herr, vor euch niederknie und euch die Füße wasche, so tut das Gleiche untereinander. Ich habe euch heute ein Beispiel gegeben. Selig sind diejenigen, die danach handeln."

107 | Das Abendmahl

Mt 26,20–29; Mk 14,17–25; Lk 22,14–23

Dann begab sich Jesus zu Tisch mit den Aposteln. „Nach diesem Essen mit euch habe ich mich so sehr gesehnt", sagte er. „Dies ist das letzte Paschamahl vor meinem Leiden. Ich werde nicht mehr mit euch essen, bis sich alles erfüllt hat und das Reich Gottes vollendet ist."

Danach sprach Jesus ein Dankgebet über dem Kelch mit Wein und bat die Jünger: „Teilt den Wein miteinander. Denn ich sage euch: Von nun an werde ich nicht mehr von der Frucht des Weinstocks trinken, bis das Reich Gottes kommt."

Anschließend nahm Jesus auch das Brot und sprach das Dankgebet. Er brach das Brot und reichte es den Aposteln mit den Worten: „Das ist mein Leib, der für euch hingegeben wird. Tut dies zu meinem Gedächtnis."

Ebenso nahm er nach dem Mahl den Kelch mit Wein und sprach: „Das ist mein Blut, das Blut des Neuen Bundes, das für euch vergossen wird zur Vergebung der Sünden."

108 | Der Verrat

Mt 26,14–16; 26,20–22; Mk 14,10–11; Lk 22,3–6; 22,21–23

Judas Iskariot, einer der zwölf Apostel, war heimlich zu den Hohepriestern gegangen. Er hatte ihnen versprochen, Jesus auszuliefern. Dafür sollte er Geld erhalten. Das Volk aber durfte nichts merken von dem Verrat. Deshalb suchte Judas nach einer Gelegenheit, bei der die Männer der Tempelwache seinen Meister unauffällig festnehmen konnten.

Während des Paschamahles sagte Jesus zu den Jüngern: „Ich muss den Weg gehen, der für mich bestimmt ist. Doch wehe dem Verräter des Menschensohnes. Heute Abend sitzt er am Tisch mit mir. Er wird mich an meine Feinde ausliefern."

Da sahen sich die Apostel bestürzt an. „Wer von uns kann das sein?", fragten sie einander. „Wer tut so etwas Verwerfliches?"

109 | Die Nacht am Ölberg

Mt 26,30–46; Mk 14,26; 14,32–42; Lk 22,39–46

Nach dem Paschamahl verließ Jesus die Stadt und wanderte hinaus zum Ölberg, der gegenüber dem Tempelberg lag. Die Jünger begleiteten ihn, bis sie einen einsamen Garten erreichten, der Getsemani hieß. Dort forderte er sie auf: „Betet, dass euer Glauben nicht schwach wird." Danach entfernte sich Jesus einen Steinwurf weit von ihnen. Als er allein war,

kniete er nieder und bat seinen Vater im Himmel: „Du kannst verhindern, dass ich den Kelch des Leidens austrinken muss. Aber nicht, was ich will, soll geschehen, sondern was du willst."

Da erschien Jesus ein Engel, der ihn stärkte. Jesus hatte trotzdem Angst und flehte noch lauter zum Vater. Dabei tropfte sein Schweiß wie Blut auf die Erde. Als Jesus nach dem Gebet zu den Jüngern zurückkehrte, sah er, dass sie vor Kummer und Erschöpfung eingeschlafen waren. Er weckte sie vorwurfsvoll: „Wie könnt ihr in dieser Nacht schlafen? Der Verräter ist schon da. Betet, dass euer Glauben nicht schwach wird."

110 | Jesus wird gefangen genommen

Mt 26,47–56; Mk 14,43–50; Lk 22,47–53

Jesus redete noch mit den Jüngern, da kam eine Gruppe bewaffneter Männer in den Garten. Judas Iskariot, der nach dem Paschamahl weggegangen war, führte sie an. Er trat auf Jesus zu und gab ihm den Begrüßungskuss, denn dieses Zeichen hatte er mit den Männern vereinbart. „Durch einen Kuss verrätst du den Menschensohn", sagte Jesus traurig und wandte sich ab.

Als die Jünger merkten, dass ihr Meister gefesselt werden sollte, fragten sie ihn: „Herr, sollen wir dazwischenschlagen?" Noch bevor Jesus antworten konnte, zog einer von ihnen sein Schwert und hieb dem Diener des Hohepriesters das rechte Ohr ab. „Hört auf!", rief Jesus. „Wer zum Schwert greift, wird durch das Schwert umkommen."

Dann heilte er das Ohr des Verletzten. Den Männern, die ihn abführen wollten, aber sagte er: „Wie gegen einen Räuber seid ihr mit Schwertern und Knüppeln gegen mich ausgezogen. Ich war jeden Tag bei euch im Tempel und ihr hattet nicht den Mut, mich dort festzunehmen. Stattdessen kommt ihr in der Dunkelheit. Das ist eure Zeit. Jetzt ist das Böse mächtig."

Mt 26,69–75; Mk 14,66–72; Lk 22,54–62; Joh 18,25–27

Die bewaffneten Männer brachten Jesus zum Haus des höchsten Priesters. Dort musste er im Hof warten, bis der Tag anbrach. Petrus war der Schar von Weitem gefolgt. Zögernd setzte er sich zu den Wachen ans Feuer, um sich zu wärmen.

Da sah ihn eine Magd. Sie blieb stehen, zeigte auf ihn und sagte: „Der hier war bei Jesus. Er hat ihn begleitet." Aber Petrus schüttelte den Kopf.

„Diesen Jesus kenne ich nicht", antwortete er.

Kurz darauf sprach ihn ein Mann an: „Du gehörst doch zu den Anhängern von Jesus." Wieder schüttelte Petrus den Kopf und sagte: „Ich weiß nicht, wovon du redest."

Schließlich wurde einer der Knechte auf ihn aufmerksam. „Wahrhaftig, du bist ein Jünger von Jesus", rief er. „Auch du kommst aus Galiläa." Noch einmal verneinte Petrus.

Im gleichen Augenblick krähte ein Hahn, und Jesus, der gefesselt war, schaute den Apostel an. Da erinnerte sich Petrus an die Worte des Herrn, die dieser beim Paschamahl zu ihm gesprochen hatte: „Bevor der Hahn kräht, wirst du mich dreimal verleugnen."

Und er ging hinaus und weinte.

111 | Das Urteil

Mt 27,11–26; Mk 15,2–15; Lk 23,1–25; Joh 18,29–19,1

Als der Tag begann, versammelten sich die Mitglieder des Hohen Rates. Sie verhörten Jesus, dann führten sie ihn zum römischen Statthalter Pilatus. Nur dieser hatte das Recht, den Angeklagten zum Tode zu verurteilen. „Der Mann hier behauptet, er sei unser König. Sogar der Messias will er sein", sagten sie.

Der Hohe Rat, dem alle wichtigen Verwaltungs- und Gerichtsfälle vorgetragen wurden, bestand aus den Ältesten, den Hohepriestern und den Schriftgelehrten, deren wichtigste Gruppe die Pharisäer waren.

„Bist du das?", fragte Pilatus, und Jesus antwortete: „Du sagst es." Der Statthalter ließ die Mitglieder des Hohen Rates immer wieder spüren, dass alle Macht bei ihm lag. Auch dieses Mal wollte er ihre Klage zurückweisen. Was gingen ihn religiöse Streitigkeiten an? Aber die Kläger blieben hartnäckig. „Jesus wiegelt das Volk gegen den Kaiser auf", riefen sie. „Im ganzen Land verbreitet der Galiläer seine Lehre."

Als Pilatus hörte, woher Jesus stammte, schickte er ihn zu König Herodes. Dieser herrschte im Auftrag der Römer über Galiläa.

Für die Festtage war er nach Jerusalem gekommen. Herodes hatte schon viel von Jesus gehört und hoffte, der Meister würde vor ihm ein Wunder vollbringen …

Neugierig befragte er den Mann aus Nazaret, doch dieser blieb stumm. Deshalb hatte Herodes nach einer Weile genug von dem Gefangenen. Er trieb seinen Spott mit Jesus, der immer noch schwieg, und hängte ihm ein Prunkgewand um. So sandte er ihn zurück zu Pilatus.

Noch einmal rief der Statthalter den Hohen Rat und das Volk zusammen. Er zeigte auf Jesus und sagte: „Der Mann hat nichts getan, worauf die Todesstrafe steht." Trotzdem wurden die Rufe immer lauter, die forderten: „Jesus soll gekreuzigt werden!"

Schließlich gab der Statthalter nach. Obwohl er nicht überzeugt war von der Schuld des Angeklagten, verurteilte er Jesus zum Tod am Kreuz.

112 | Jesus stirbt am Kreuz

Mt 27,31b–56; Mk 15,20b–41; Lk 23,26–49; Joh 19,16b–30

Jesus wurde vor die Stadt zum Ort der Hinrichtung geführt, der Golgota, Schädelstätte, hieß. Die Soldaten zwangen Simon von Zyrene, der von der Feldarbeit kam, das Kreuz für Jesus zu tragen. Gebeugt unter der Last folgte er dem Verurteilten.

Eine große Menschenmenge hatte sich ihnen angeschlossen. Viele Frauen klagten laut und weinten.

Als der Zug Golgota erreicht hatte, schlugen die Soldaten Jesus an das Kreuz. Zugleich kreuzigten sie auch zwei Verbrecher, den einen links von ihm, den anderen rechts. Jesus aber betete: „Vater, vergib ihnen, denn sie wissen nicht, was sie tun."

Danach warfen die Soldaten das Los und verteilten seine Kleider untereinander. Viele Zuschauer standen dabei, auch die führenden Männer des Volkes. Sie spotteten über Jesus: „Anderen hat er geholfen. Wenn er wirklich der von Gott geschickte Messias ist, soll er sich jetzt selbst helfen." Die Soldaten trieben ebenfalls ihren Spott mit ihm. Als Jesus etwas trinken wollte, boten sie ihm Essig an. Über dem Gekreuzigten hatten sie eine Tafel an das Holz genagelt. Darauf stand: „Das ist der König der Juden."

Sogar einer der Verbrecher, die neben Jesus hingen, verhöhnte ihn: „Wenn du der Messias bist, dann hilf dir und hilf uns." Der andere aber wies ihn zurecht und sagte: „Wir erhalten nur den Lohn für unsere Taten. Dieser hier ist unschuldig." Dann wandte er sich an Jesus und bat ihn: „Denk an mich, wenn du bei deinem Vater im Himmel bist." – „Amen, ich sage dir: Heute noch wirst du mit mir im Paradies sein", antwortete Jesus.

Es war die Mittagszeit, als das ganze Land finster wurde. Die Sonne verdunkelte sich, und der Vorhang im Tempel riss in der Mitte entzwei. Da rief Jesus: „Vater, ich lege meinen Geist in deine Hände." Danach starb er.

Der Hauptmann, der die Soldaten befehligte, stand dabei und sagte: „Das war wirklich ein gerechter Mann." Auch alle anderen, die Zeugen waren, schlugen sich an die Brust und kehrten betroffen zurück nach Jerusalem. Stumm hielten sich die Freunde und Jünger von Jesus abseits. Auch die Frauen, die ihm aus Galiläa gefolgt waren, hatten alles mit angesehen.

113 | Jesus wird begraben

Mt 27,57–61; Mk 15,42–47; Lk 23,50–56; Joh 19,38–42

Josef aus Arimathäa gehörte zu den Mitgliedern des Hohen Rates. Weil er gerecht und hilfsbereit war, genoss er hohes Ansehen bei den Juden. Sehnsüchtig wartete er darauf, dass Gott sein Reich unter den Menschen errichtete.

Dieser Mann hatte sich auch gegen die Verurteilung von Jesus ausgesprochen. Jetzt ging er zu Pilatus und bat um den Leichnam des Hingerichteten. Der Statthalter erlaubte ihm, Jesus vom Kreuz zu nehmen.

Danach hüllte er den Toten in ein Leinentuch und brachte ihn zu einem Felsengrab, in dem noch niemand bestattet worden war. Die Frauen, die am Kreuz ausgeharrt hatten, begleiteten Josef aus Arimathäa.

Bald nach dem Begräbnis brach der Sabbat an, der Tag der Ruhe und des Gebetes. Eine große Stille legte sich über Jerusalem.

114 | Das Grab ist leer

Lk 24,1–12

Die Frauen hatten duftende Öle vor-
bereitet. Damit wollten sie, wie es
der Brauch war, den Leichnam von
Jesus einsalben. Am ersten Tag der
Woche gingen sie hinaus zum Grab. Es war noch sehr
früh. Im Osten stieg gerade die Sonne auf. Überrascht sahen sie, dass jemand
den Stein vor dem Felsengrab weggewälzt hatte. Sie schauten in die Grab-
kammer, die leer war, und wussten sich keinen Rat.

Auf einmal traten zwei Männer in leuchtenden Gewändern zu ihnen. Darüber erschraken die Frauen. Sie wagten es nicht, die beiden anzusehen.
„Warum sucht ihr den Lebenden bei den Toten?", fragten die Männer. „Jesus,
der Menschensohn, ist auferstanden."

Daraufhin eilten die Frauen nach Jerusalem. Aufgeregt berichteten sie den
Aposteln und den anderen Jüngern, was sie erlebt hatten. Doch niemand
glaubte ihnen. Einzig Petrus stand auf und lief zum Grab. Auch er fand es
leer vor. Nur das Leinentuch, in das der Tote gewickelt worden war, lag auf
dem Boden.

Voller Verwunderung kehrte Petrus zurück. Was war geschehen?

115 | Auf dem Weg nach Emmaus

Lk 24,13–35

Am selben Tag waren zwei Jünger unterwegs nach Emmaus, einem Dorf nicht weit von Jerusalem. Während sie über den Tod ihres Meisters redeten, schloss sich ihnen ein Fremder an.

„Worüber sprecht ihr?", fragte der Mann. Er schien nicht zu wissen, was in Jerusalem geschehen war. Deshalb blieben die beiden traurig stehen. Einer von ihnen – er hieß Kleopas – antwortete dem Mann: „Weißt du wirklich nicht, worüber alle Menschen in Jerusalem und im ganzen Land sprechen? Vor drei Tagen ist Jesus am Kreuz gestorben. Er war ein Prophet, ein Mann Gottes, mächtig in Wort und Tat. Wir hatten gehofft, dass dies der Erlöser ist, auf den wir schon so lange warten."

Kleopas machte eine Pause, ehe er fortfuhr: „Heute Morgen geschah dann etwas Merkwürdiges, das uns alle in Aufregung versetzt hat. Einige Frauen aus unserem Kreis waren an seinem Grab. Dort sind ihnen Engel erschienen. Sie verkündeten, dass Jesus lebt. So jedenfalls haben es die Frauen erzählt. Daraufhin gingen ein paar Jünger ebenfalls zum Grab und fanden es leer. Den Meister sah keiner von ihnen."

Zu ihrem Erstaunen ergriff jetzt der Fremde das Wort. „Begreift ihr immer noch nichts?", fragte er. „Das alles musste der Messias doch für uns Menschen erleiden. So steht es in den Büchern der Propheten." Danach erklärte er ihnen die Worte der Heiligen Schrift, die sich auf Jesus bezogen.

Als sie Emmaus erreichten, wollte der Unbekannte weitergehen. Sie drängten ihn jedoch: „Bleib bei uns, denn es wird bald Abend. Der Tag hat sich schon geneigt." Schließlich ging er mit ihnen in ihr Haus und sie aßen gemeinsam. Am Tisch nahm er das Brot, dankte Gott, brach es und reichte es den beiden. In dem Augenblick erkannten sie ihn und er verschwand.

„Brannte nicht unser Herz, während er uns auf dem Weg hierher den Sinn der Heiligen Schrift erklärt hat?", sagten sie zueinander. Sogleich brachen sie auf und kehrten zurück nach Jerusalem. Sie erzählten den Aposteln und allen Jüngern, dass sie Jesus begegnet waren. „Er brach das Brot für uns. Da haben wir ihn erkannt", riefen sie.

116 | Ich bin bei euch

Mt 28,16–20

Jesus erschien auch den Aposteln. Als sie ihn sahen, waren sie voller Freude und fielen vor ihm nieder. Trotzdem hatten einige von ihnen noch Zweifel.

Jesus trat auf sie zu und sagte: „Mir ist alle Macht gegeben im Himmel und auf der Erde. Geht zu allen Völkern, macht alle Menschen zu meinen Jüngern. Tauft sie auf den Namen des Vaters und des Sohnes und des Heiligen Geistes. Lehrt diese Menschen alles, was ich euch gelehrt habe.

Vertraut darauf: Jeden Tag bin ich bei euch bis zum Ende der Welt."

117 | Der ungläubige Thomas

Joh 20,24–29

Thomas, einer der Apostel, war nicht bei ihnen gewesen, als Jesus in ihre Mitte trat. „Wir haben den Herrn gesehen", sagten die anderen zu ihm. Aber Thomas antwortete: „Erst wenn ich die Wunden der Nägel an seinem Körper sehe und diese Wunden berühren darf, glaube ich, dass Jesus auferstanden ist."

Acht Tage danach trafen sich die Apostel wieder. Auch Thomas war dabei. Sie hatten die Türen verschlossen. Trotzdem erschien Jesus mitten unter ihnen und sagte: „Der Friede sei mit euch!" Dann wandte er sich an Thomas und forderte ihn auf: „Streck deine Hand aus, berühre meine Wunden und höre auf zu zweifeln. Stattdessen glaube!"

In seiner Verlegenheit brachte Thomas kein Wort heraus. Schließlich stammelte er: „Mein Herr und mein Gott!"

„Du glaubst, weil du mich und meine Wunden gesehen hast", sagte Jesus zu ihm. „Selig sind die Menschen, die mich nicht sehen können und dennoch an mich glauben."

118 | Sturm und Feuerzungen

Apg 2,1–13; 2,14–36

Der fünfzigste Tag nach dem Paschafest ist für die Juden ein besonderer Tag. An diesem Tag danken sie Jahwe dafür, dass er auf dem Gottesberg den Bund mit seinem Volk erneuert hat. Auch die Jünger von Jesus wollten das Pfingstfest begehen. Sie trafen sich in einem Haus in Jerusalem.

Da hörten sie auf einmal ein Brausen, das vom Himmel kam. Das Brausen schwoll immer stärker an. Es klang so, als würde ein Sturm durch das Haus fegen. Gleichzeitig leuchtete ein heller Schein über den Jüngern. In Feuerzungen stieg das Licht auf jeden von ihnen nieder. So kam der Heilige Geist zu den Jüngern. Plötzlich redeten sie in fremden Sprachen, die sie nie zuvor gesprochen hatten.

Damals wohnten in Jerusalem viele Juden aus weit entfernten Ländern. Angelockt durch das Brausen liefen sie vor dem Haus zusammen. „Sind das nicht die Galiläer, die hier reden?", fragten sie einander. Bestürzt sahen sie sich an: „Warum kann jeder von uns die Galiläer in der Sprache des Landes hören, aus dem er stammt? Was hat das zu bedeuten?" Während die einen ratlos waren, spotteten die anderen: „Wahrscheinlich haben diese Männer zu viel vom süßen Wein getrunken."

Da trat Petrus gemeinsam mit den Aposteln vor die Menge und rief: „Wir sind nicht betrunken, wie ihr meint. Heute ist wahr geworden, was uns vom Propheten Joel vorausgesagt wurde: Gott hat seinen Geist über den Menschen ausgegossen. Wer sich zum Herrn bekennt und ihn anruft, wird gerettet. In eurer Mitte vollbrachte Jesus von Nazaret viele Wunder. Mächtig waren seine Taten, groß seine Zeichen. Trotzdem wurde er an das Kreuz geschlagen und umgebracht. Aber Gott weckte ihn auf von den Toten. Dafür sind wir alle Zeugen. Jesus lebt. Er ist der Herr und Messias.“

Pfingsten ist das Fest des Heiligen Geistes. Der Heilige Geist wird ausgesandt, um Person, Wort und Wirken Jesu Christi lebendig werden zu lassen. Pfingsten feiern wir 50 Tage nach Ostern. Die Geistsendung an Pfingsten war auch der Ausgangspunkt für das missionarische Wirken der Jünger Jesu. Deshalb kann das Pfingstfest auch als Geburtstagsfest der Kirche gesehen werden.

119 | Aus dem Leben der jungen Gemeinde

Apg 2,37–42; 2,43–47

Die Menschen, die Petrus zugehört hatten, wurden von seinen Worten mitten ins Herz getroffen. „Brüder, sagt uns, was wir tun sollen", baten sie.

Darauf antwortete Petrus: „Kehrt um und lasst euch auf den Namen von Jesus Christus taufen. Dann werden euch die Sünden vergeben und ihr empfangt den Heiligen Geist. Gott macht alles neu. Das gilt für euch, für euere Kinder und für alle in der Ferne, die er rufen wird."

An diesem Tag ließen sich dreitausend Menschen taufen, so sehr hatte sie die Botschaft des Petrus beeindruckt. In der Folgezeit wirkten die Apostel viele Wunder. Alle, die an Jesus als den Messias und Christus glaubten, folgten ihren Weisungen. Wie Schwestern und Brüder lebten die Anhänger des neuen Glaubens. Sie verkauften ihr Hab und Gut und wollten nichts mehr für sich besitzen, denn alles sollte ihnen gemeinsam gehören. Jeder bekam so viel, wie er zum Leben brauchte. Tag für Tag beteten sie im Tempel. Daheim in ihren Häusern brachen sie das Brot und aßen es mit Freude und Dankbarkeit im Herzen.

Beim ganzen Volk waren die Jünger von Jesus beliebt. Gott half ihnen. So wurde die Zahl der Gläubigen, die auf ihre Rettung hofften, immer größer.

120 | Steh auf und geh nach Damaskus

Apg 9,1–22; 9,23–25

Viele Jahre seines Lebens hatte Saulus in Griechenland verbracht. Als Bürger des Römischen Reiches trug er auch den Namen Paulus. Er gehörte zur Gruppe der Pharisäer. Voller Zorn verfolgte er die Jünger von Jesus und brachte sie ins Gefängnis.

Eines Tages ging Paulus zum Hohepriester und bat ihn um Briefe an die jüdischen Gemeinden in Damaskus. Mithilfe dieser Briefe wollte er die Anhänger des neuen Glaubens auch dort festnehmen und zur Verurteilung nach Jerusalem schaffen.

Er war schon kurz vor Damaskus, da blendete ihn plötzlich ein Licht vom Himmel, das heller strahlte als die Sonne. Während er zu Boden stürzte, hörte er eine Stimme: „Paulus, Paulus, warum verfolgst du mich?"

Zitternd fragte er: „Wer bist du, Herr?" Und die Stimme antwortete: „Ich bin Jesus, den du verfolgst. Steh auf und geh nach Damaskus. Dort wirst du erfahren, was du tun sollst."

Stumm vor Schrecken standen die Begleiter des Paulus. Auch sie hatten die Stimme gehört, aber sie sahen niemanden. Schließlich erhob sich der Gestürzte. Als er die Augen öffnete, war alles dunkel um ihn. Da nahmen die Männer Paulus bei der Hand und führten ihn nach Damaskus. Drei Tage lang aß und trank er nichts. Damals lebte in Damaskus ein Anhänger der neuen Lehre, der Hananias hieß. Die Stimme des Herrn rief ihn, und er antwortete: „Hier bin ich,

Herr!" Darauf sagte die Stimme: „Geh zur Geraden Straße. Frag im Haus des Judas nach einem Mann aus Tarsus, der den Namen Paulus trägt. Wenn du in sein Zimmer trittst, wird er gerade beten. Paulus ist blind. Aber er hat davon geträumt, dass du ihm die Hände auflegst und dass er danach wieder sehen kann."

Hananias erschrak über diesen Auftrag. Voller Angst wandte er ein: „Herr, ich habe schon so viel gehört von dem Mann. Er hat deine Jünger in Jerusalem verfolgt und ihnen Schlimmes angetan. Paulus trägt Briefe des Hohepriesters bei sich. Darin steht, dass er alle verhaften darf, die an dich glauben."

Doch der Herr beruhigte ihn: „Geh nur. Ich habe mir Paulus zum Werkzeug gewählt. Er soll meine Botschaft den Völkern und Königen und allen Kindern Israels verkünden. Dafür muss er viel erleiden."

Hananias trat in das Haus des Judas. So wie es ihm der Herr befohlen hatte, legte er Paulus die Hände auf und sagte: „Bruder, Jesus hat mich gesandt. Er ist dir auf dem Weg nach Damaskus erschienen. Du sollst wieder sehen und der Heilige Geist wird dich erfüllen."

Im gleichen Augenblick wich die Dunkelheit von Paulus. Jetzt war er nicht mehr blind. Er stand auf und ließ sich taufen. Nachdem er gegessen und getrunken hatte, kehrte die Kraft in seinen Körper zurück.

Paulus blieb eine Zeit lang in Damaskus. Er ging in die Synagogen und bezeugte Jesus, den Messias, oder, wie die Griechen sagten, den Christus. Darüber gerieten die Juden in helle Aufregung. „Ist das nicht der Mann, der die Anhänger von Jesus fesseln und nach Jerusalem bringen wollte?", fragten sie voller Empörung.

Sie beschlossen, den Verräter zu töten. Eifrig bewachten sie die Tore der Stadt, damit er nicht entkommen konnte. Doch die Jünger des Herrn setzten ihn nachts in einen Korb und ließen ihn an der Stadtmauer hinab.

121 | Wenn ihr von diesem Brot esst und aus diesem Kelch trinkt

1 Kor 11,17–34

Paulus unternahm große Reisen. Überall erzählte er von Christus, dem Erlöser, und gründete viele Christengemeinden, eine davon in der griechischen Stadt Korinth. An die Brüder und Schwestern dort richtete Paulus zwei Briefe. In ih-

nen behandelte er wichtige Fragen des Glaubens. So erklärte er im ersten Brief auch, wie das Mahl des Herrn gefeiert werden sollte:

„Ich höre, dass es unter euch Streitigkeiten gibt. Bei euren Zusammenkünften verzehrt jeder sofort seine mitgebrachten Speisen. Da hungert der eine, während der andere schon betrunken ist. Wollt ihr diejenigen von euch, die nichts haben, noch stärker erniedrigen? Was soll ich dazu sagen? Ich kann euch dafür nicht loben.

In der Nacht, in der Jesus von den Knechten des Hohepriesters gefesselt und abgeführt wurde, nahm er das Brot, brach es und sagte: ‚Das ist mein Leib für euch. Tut dies zu meinem Gedächtnis.‘ Ebenso nahm er nach dem Mahl den Kelch mit Wein und sagte: ‚Das ist mein Blut, das Blut des Neuen Bundes. Tut dies zu meinem Gedächtnis.‘

Wenn ihr also von diesem Brot esst und aus dem Kelch trinkt, dann verkündet ihr den Tod des Herrn und seine Auferstehung. Wer das tut, ohne sich darauf richtig vorzubereiten, macht sich schuldig. Jeder soll sich selbst prüfen, bevor er von dem Brot isst und aus dem Kelch trinkt. Wer nicht bedenkt, dass dies der Leib des Herrn ist, liefert sich dem göttlichen Gericht aus.

Darum geht mit euch selbst ins Gericht, dann werdet ihr nicht gerichtet. Deshalb feiert das Mahl würdig."

122 | Ein Leib und viele Glieder

1 Kor 12,12–30

„Unser Leib hat viele Glieder", schrieb Paulus an die Gemeinde in Korinth, „und doch bilden diese vielen Glieder einen Leib. So ist es auch mit Jesus Christus und seiner Kirche.

Durch den Heiligen Geist wurden wir alle in der Taufe zu Gliedern eines Leibes. Juden und Griechen, Sklaven und Freie – alle sind erfüllt von dem gleichen Geist.

Der Fuß kann nicht von sich sagen: ‚Ich bin keine Hand, also gehöre ich auch nicht zum Leib.' Wenn der ganze Leib nur aus den Augen bestehen würde, wie könnten wir dann hören, was um uns herum geschieht? Und wenn der Leib nur aus dem Gehör bestehen würde, wie könnten wir dann sehen oder riechen?

Deshalb gibt es viele Glieder des Leibes und doch nur einen Leib. Das Auge kann nicht zur Hand sagen: ‚Ich brauche dich nicht.' Auch der Kopf kann nicht zu den Füßen sagen: ‚Ich brauche euch nicht.'

Jedes Glied unseres Leibes, selbst das geringste, wird gebraucht. Gott hat unseren Leib so geschaffen, dass alle Glieder einträchtig miteinander leben und füreinander sorgen.

Sobald ein Glied leidet, leiden alle anderen mit ihm. Wenn aber ein Glied gelobt wird, freuen sich alle anderen mit ihm.

Ihr seid der Leib von Jesus Christus, jeder Einzelne ist ein Glied dieses Leibes und damit der Kirche.

Gott hat die einen als Apostel eingesetzt, die anderen als Propheten und wieder andere als Lehrer. Er verlieh die Kraft, Wunder zu wirken, und die Gabe, Krankheiten zu heilen, aber auch die Fähigkeit, andere zu leiten und zu führen.

Wie die Apostel am Pfingsttag können einige sogar in Sprachen, die ihnen fremd sind, zu den Menschen reden. So besitzt jeder seine eigene Gabe und keiner hat alle Gaben."

123 | Das Lob der Liebe

1 Kor 13,1–13

Im ersten Brief an die Gemeinde von Korinth preist Paulus die Kraft der Liebe:

„Wenn ich alle Sprachen der Menschen und der Engel sprechen würde, hätte aber die Liebe nicht, dann wäre ich ein hohl klingendes Blech, dann wäre ich eine lärmende Pauke.

Wenn ich reden würde wie ein Prophet, wenn mir alle Geheimnisse der Schöpfung zugänglich wären und wenn ich mit meinem Glauben Berge versetzen könnte, hätte aber die Liebe nicht, dann hätte ich nichts.

Wenn ich meinen ganzen Besitz verschenken und für meinen Glauben durch das Feuer gehen würde, hätte aber die Liebe nicht, dann würde mir das alles nichts nützen.

Die Liebe ist geduldig, die Liebe ist freundlich. Sie eifert nicht, sie prahlt nicht und sie macht sich nicht größer, als sie ist.

Die Liebe sucht keinen Vorteil, sie wird nicht zornig und sie verzeiht selbst denen, die Böses tun.

Die Liebe freut sich nicht über das Unrecht, aber sie freut sich über die Wahrheit.

Sie erträgt alles, glaubt alles, hofft alles und widersteht allem.

Die Liebe hört niemals auf. Alles andere ist Stückwerk und vergeht, wenn das Reich Gottes kommt. Doch die Liebe bleibt.

Es bleiben Glaube, Hoffnung und Liebe. Diese drei bleiben. Am größten aber ist die Liebe."

124 | Über die Auferstehung

1 Kor 15,1–9; 15,12–22

„Ich habe euch die Botschaft vom Reich Gottes verkündet", so wandte sich Paulus an die Gemeinde in Korinth. „Durch diese Botschaft werdet ihr gerettet, wenn ihr an eurem Glauben festhaltet. Auch ich empfing diesen Glauben.

Jesus Christus ist für unsere Sünden gestorben und begraben worden. Am dritten Tag wurde er auferweckt. Er erschien den Aposteln und vielen Brüdern und Schwestern, die noch am Leben sind. Zuletzt ist er auch mir erschienen, obwohl ich der Geringste unter allen bin, weil ich die Kirche Gottes verfolgt habe.

Wenn Christus von den Toten auferweckt wurde, wie können dann einige von euch immer noch sagen: ‚Die Auferstehung der Toten gibt es nicht?' Wenn es keine Auferstehung der Toten gibt, wurde auch Christus nicht auferweckt. Dann ist unser Glauben nutzlos und leer. Dann sind alle verloren, die im Glauben an Jesus Christus starben.

Aber der Erlöser ist als Erster auferstanden von den Toten. So wie nach der Vertreibung Adams aus dem Paradies alle Menschen sterben mussten, so werden alle Menschen, die an Jesus Christus glauben, wieder in das Leben gerufen."

125 | Gott wohnt unter den Menschen

Offb 21,1–5

Am Schluss des Neuen Testaments steht die Offenbarung. Sie handelt von den „letzten Dingen" und beschreibt in kühnen Bildern, wie sich das Reich Gottes vollendet. Jetzt erfüllen sich alle Verheißungen:

„Ich sah einen neuen Himmel und eine neue Erde und ich sah die heilige Stadt, das neue Jerusalem, das aus dem Himmel herabkam. Da hörte ich eine Stimme. Sie rief: ‚Seht die Wohnung Gottes unter den Menschen. Er wird in ihrer Mitte wohnen und sie werden sein Volk sein. Gott aber wird bei ihnen sein.

Er wird die Tränen aus ihren Augen wischen. Der Tod hat keine Macht mehr über sie. Es wird keine Trauer und keine Klage, keine Erniedrigung und keine Mühsal mehr geben. Denn was früher war, das ist jetzt endgültig vergangen.'

‚Seht, ich mache alles neu', sprach der Herr und er sagte zu mir: ‚Schreib alles auf, denn meine Worte sind wahr.' "

Karte zum
Alten Testament

Schwarzes Meer

Kaspisches
Meer

Golf von
Arabien

Berg Ararat

Urmiasee

Van See

Ninive

Tigris

Eufrat

Babylon

Mesopotamien

Syrische Wüste

Arabische Wüste

Sidon

Tyrus

Samaria

Jericho

Mittelmeer

Sinai

Rotes Meer

Ramsesstadt

Sukkon

Ägypten

N O S W

Karte zum Neuen Testament

Damaskus

Tyrus

Cäsarea-Philippi

Gadara

Kana

Kafarnaum

Berg Karmel

Tiberias

Mittelmeer

Cäsarea

Samarien

Pereäa

Emmaus

Jericho

Jerusalem

Betlehem

Judäa

Totes Meer

Gaza

Hebron

Beerscheba

N
W O
S

Inhaltsverzeichnis

Altes Testament

Neues Testament

Verzeichnis der Bibelstellen

Religionspädagogische Beratung: Dr. Alexander Weihs

© Verlag Herder GmbH, Freiburg im Breisgau 2018
Alle Rechte vorbehalten
www.herder.de

Umschlaggestaltung: Uwe Stohrer, Freiburg
Innengestaltung: Uwe Stohrer, Freiburg
Druck: Firmengruppe APPL, aprinta, Wemding

Gedruckt auf umweltfreundlichem, chlorfrei gebleichtem Papier
Printed in Germany

ISBN 978-3-451-71461-0